Instagram-Journalismus für die Praxis

Selina Bettendorf

Instagram-Journalismus für die Praxis

Ein Leitfaden für Journalismus und Öffentlichkeitsarbeit

Mit Gastbeiträgen von Fränzi Meyer und Lena Wingen

Selina Bettendorf
Berlin, Deutschland

ISBN 978-3-658-31483-5   ISBN 978-3-658-31484-2 (eBook)
https://doi.org/10.1007/978-3-658-31484-2

Die Deutsche Nationalbibliothek verzeichnet diese Publikation in der Deutschen Nationalbibliografie; detaillierte bibliografische Daten sind im Internet über http://dnb.d-nb.de abrufbar.

© Der/die Herausgeber bzw. der/die Autor(en), exklusiv lizenziert durch Springer Fachmedien Wiesbaden GmbH, ein Teil von Springer Nature 2020
Das Werk einschließlich aller seiner Teile ist urheberrechtlich geschützt. Jede Verwertung, die nicht ausdrücklich vom Urheberrechtsgesetz zugelassen ist, bedarf der vorherigen Zustimmung des Verlags. Das gilt insbesondere für Vervielfältigungen, Bearbeitungen, Übersetzungen, Mikroverfilmungen und die Einspeicherung und Verarbeitung in elektronischen Systemen.
Die Wiedergabe von allgemein beschreibenden Bezeichnungen, Marken, Unternehmensnamen etc. in diesem Werk bedeutet nicht, dass diese frei durch jedermann benutzt werden dürfen. Die Berechtigung zur Benutzung unterliegt, auch ohne gesonderten Hinweis hierzu, den Regeln des Markenrechts. Die Rechte des jeweiligen Zeicheninhabers sind zu beachten.
Der Verlag, die Autoren und die Herausgeber gehen davon aus, dass die Angaben und Informationen in diesem Werk zum Zeitpunkt der Veröffentlichung vollständig und korrekt sind. Weder der Verlag, noch die Autoren oder die Herausgeber übernehmen, ausdrücklich oder implizit, Gewähr für den Inhalt des Werkes, etwaige Fehler oder Äußerungen. Der Verlag bleibt im Hinblick auf geografische Zuordnungen und Gebietsbezeichnungen in veröffentlichten Karten und Institutionsadressen neutral.

Planung/Lektorat: Barbara Emig-Roller
Springer VS ist ein Imprint der eingetragenen Gesellschaft Springer Fachmedien Wiesbaden GmbH und ist ein Teil von Springer Nature.
Die Anschrift der Gesellschaft ist: Abraham-Lincoln-Str. 46, 65189 Wiesbaden, Germany

Was Sie in diesem Buch finden können

- Eine Einführung in die Social-Media-Plattform Instagram
- Einen Überblick über die Wünsche der Nutzer*innen
- Einen Einblick in den Alltag von Instagram-Journalist*innen
- Einen Leitfaden für Newsfeed und Story
- Tipps zu Instagram als Recherche-Tool
- Hilfreiche Informationen zu Bewegtbild und Audioformaten auf Instagram
- Einen Leitfaden für Instagram in der PR

Inhaltsverzeichnis

1	**Einleitung**	1
	1.1 Einführung in Instagram	3
	1.2 Definition von Instagram-Journalismus	8
2	**Aktueller Forschungsstand**	11
	2.1 Journalismus in den sozialen Medien	11
	2.2 Strategien für Social-Media-Journalismus	14
	2.3 Instagram-Marketing	15
	2.4 Journalismus in Instagram-Storys	18
3	**Wünsche und Erwartungen von Instagram-Nutzer*innen**	21
	3.1 Technische Details	21
	3.2 Präsentation und Darstellung der Storys	23
	3.3 Umfang und Aktualität	24
4	**Arbeitsalltag von Instagram-Journalist*innen**	27
	4.1 Technische und organisatorische Faktoren	27
	4.2 Themenfindung	28
	4.3 Die Produktion von Instagram-Storys	29
	4.4 Die Verwertung der Instagram-Inhalte	30
5	**Account-Strategie**	33
6	**Der Feed: Leitfaden und Beispiele**	35
	6.1 Hands- on – wie erstelle ich einen Feedbeitrag?	38
	6.1.1 Die ersten Schritte	38
	6.1.2 Die nächsten Schritte	39

	6.2	Beispiele	41
		6.2.1 Erfolgreiches Beispiel der ‚Nürnberger Nachrichten'	41
		6.2.2 Erfolgreiches Beispiel der ‚Bild'	41
		6.2.3 Erfolgreiches Beispiel vom ‚Spiegel'	42
		6.2.4 Erfolgreiches Beispiel der ‚Welt'	42
		6.2.5 Erfolgloses Beispiel der ‚Welt'	42
		6.2.6 Erfolgloses Beispiel der ‚Zeit'	43
7	**Die Story: Leitfaden und Beispiele**		**45**
	7.1	Die gängigsten Formate	47
		7.1.1 Live-Storys	47
		7.1.2 Experten-Storys	48
		7.1.3 Reportagen-Storys	49
		7.1.4 Ankündigungs-Storys	49
		7.1.5 Community-Storys	50
		7.1.6 Weitere Möglichkeiten	51
	7.2	Hands- on – Wie baue ich eine Instagram-Story?	51
		7.2.1 Die ersten Schritte	51
		7.2.2 Weitere Schritte	53
	7.3	Beispiele	55
		7.3.1 Erfolgreiches Beispiel der ‚Zeit'	55
		7.3.2 Erfolgloses Beispiel der ‚Nürnberger Nachrichten'	56
		7.3.3 Erfolgloses Beispiel der ‚Bild'	56
	7.4	Innovative Story-Formate	57
		7.4.1 Die ‚Bild'	57
		7.4.2 Der ‚Spiegel'	57
		7.4.3 Der ‚Guardian'	58
		7.4.4 ‚Al Jazeera'	59
		7.4.5 ‚Neue Zürcher Zeitung'	60
8	**Innovative Instagram-Accounts**		**61**
	8.1	Mädelsabende	62
	8.2	Jäger und Sammler	64
	8.3	Die News-WG	65
9	**Besonderheiten für Lokalzeitungsjournalist*innen**		**69**

Inhaltsverzeichnis

10	**Besonderheiten für TV – Journalist*innen**		73
10.1	Formate		75
	10.1.1	Videos im Feed und IGTVs von ‚@ZDFheute'	75
	10.1.2	Instagram-Live am Beispiel von ‚Aktuelle Stunde'.	76
	10.1.3	Reporter- und Korrespondent*innen-Berichte am Beispiel von der ‚Tagesschau'	77
	10.1.4	Sendungsteaser am Beispiel von ‚ZDFlogo'	78
	10.1.5	Instagram-Beiträge für Fernsehinhalte am Beispiel von ‚Frau TV'	78
10.2	Praxistipps für Fernsehjournalist*innen		79
	10.2.1	Check-Liste für Bewegtbild-Beiträge auf Instagram	79
	10.2.2	Video-Format anpassen mit ‚InShot'	80
	10.2.3	Individuelles Story-Design mit ‚Adobe Scatch'	80
	10.2.4	Untertitel erstellen mit ‚Clipomatic'	80
	10.2.5	Hardware Equipment	81
		10.2.5.1 Smartphone-Stativ	81
		10.2.5.2 Externes Mikrophon	81
		10.2.5.3 Gimbal	81
		10.2.5.4 Ringlicht	81
11	**Besonderheiten für Radio-Journalist*innen**		83
11.1	Formate		84
	11.1.1	Verschriftlichung der Audio-Beiträge von ‚RadioEssen' und ‚abcnewsradio'	85
	11.1.2	Sendungsinhalt als IGTV von ‚SWR3online'	85
	11.1.3	Multimediales Format von ‚1live'	86
	11.1.4	‚Nachrichten in Gebärdensprache' von ‚Radio Cosmo'	86
11.2	Praxistipps		86
	11.2.1	Audiogramme erstellen mit ‚Headliner'	87
	11.2.2	Text-Gestaltung mit ‚Type Art'	87
12	**Community-Arbeit**		89
13	**Instagram als Recherche-Tool**		93
13.1	Suchen		93
13.2	Folgen		94

	13.3	Community einbeziehen	95
		13.3.1 Protagonist*innensuche	95
		13.3.2 Zitatsuche	95
		13.3.3 Stimmungsbilder	96

14 Hilfreiche Programme 97
    14.1 Social-Media-Management 97
    14.2 Kommentare verwalten 98
    14.3 Link in Bio 99
    14.4 Storys 100
    14.5 Feedbeiträge 101
        14.5.1 Programme zum Erstellen von Feedbeiträgen 101

15 Ethische Aspekte 103
    15.1 Die Sicht der Nutzer*innen 104
    15.2 Die Aufgaben der Journalist*innen 106
    15.3 Die Übertragung auf Instagram 108

16 Interview mit André Steins, Leiter der Social-Media-Redaktion der Tagesschau 113

17 Influencer*innen 119

18 Instagram für Öffentlichkeitsarbeiter*innen 121
    18.1 Für welche Unternehmen macht ein Auftritt Sinn? 122
    18.2 Unternehmensprofil versus Influencer-Marketing 123
    18.3 Ziele und Strategien der Unternehmen auf Instagram 124
        18.3.1 Strategieansätze – Ein Überblick 126
    18.4 Paid Content versus organischer Content 128
        18.4.1 Organischer Content 129
        18.4.2 Paid Content 129
    18.5 Wie entwickeln Unternehmen eine stimmige Instagram-Strategie? 130
        18.5.1 Häufige Fehler von Unternehmensprofilen 131
    18.6 Unternehmensprofil einrichten 132

19 Und jetzt? 137

Was Sie aus diesem Buch mitnehmen können 139

Literatur 141

Einleitung 1

‚Instagram-Journalismus' – was soll das eigentlich sein? Diese Frage möchte ich Ihnen in diesem Buch beantworten und zeigen, wie leicht Sie selbst Instagram-Journalist*in werden können. Dabei spielt es keine Rolle, ob sie bereits Erfahrung mit der Plattform haben oder noch nicht. Ich habe sowohl Tipps für Einsteiger*innen, als auch für erfahrene Social-Media-Journalist*innen zusammengestellt. Instagram-Journalismus funktioniert, bietet zahlreiche neue Möglichkeiten, und macht Spaß!

Viele Medienhäuser stecken in einer Krise und verlieren immer mehr Leser*innen, Zuhörer*innen und Zuschauer*innen. Eine Gruppe der Bevölkerung erreichen die klassischen Medien kaum noch. Das sind die Jugendlichen und jungen Erwachsenen, die ‚Digital Natives' oder auch die ‚Generationen Y und Z', die Zeitungs- beziehungsweise Online-Leser*innen der Zukunft. Instagram ist die geeignetste Plattform, wenn Sie diese jungen Menschen erreichen möchten. Laut einer ARD/ZDF-Onlinestudie nutzten 2019 59 % der 14–29-Jährigen Instagram (Vergleich ARD/ZDF-Onlinestudie). Dabei besuchten nur noch 48 % von ihnen regelmäßig Facebook, 33 % Snapchat und sechs Prozent Twitter (Vgl. Abb. 1.1).

Laut vergleichbaren Informationen des ‚State of the News Media Report' des amerikanischen Pew Research Centers informieren sich die US-amerikanischen Jugendlichen und jungen Erwachsenen unter 30 Jahren vor allem über Soziale Medien, Websites und Apps. „Nur fünf Prozent dieser Altersgruppe greift häufig zu einer Zeitung, nur noch 27 Prozent informieren sich regelmäßig übers Fernsehen" (Haarkötter und Nieland 2018, S. 153). Laut einer vom Social-Media-Marketing-Unternehmen Socialbakers veröffentlichten Studie erreichte Instagram im Vierten Quartal 2019 zum ersten Mal mehr Menschen als Facebook (Meedia 2020).

© Der/die Herausgeber bzw. der/die Autor(en), exklusiv lizenziert durch Springer Fachmedien Wiesbaden GmbH, ein Teil von Springer Nature 2020
S. Bettendorf, *Instagram-Journalismus für die Praxis*,
https://doi.org/10.1007/978-3-658-31484-2_1

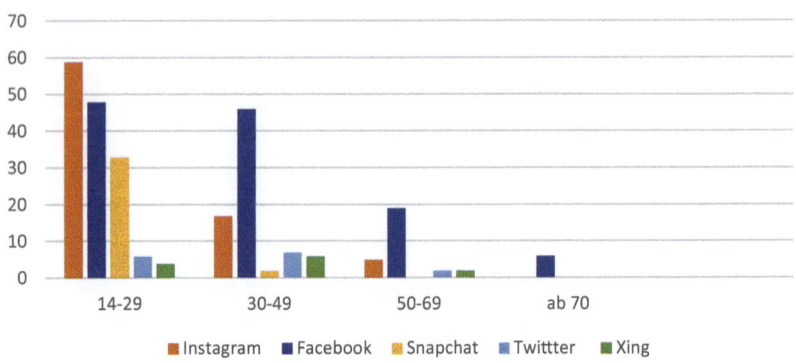

Abb. 1.1 Social-Media-Nutzung der Deutschen im Jahr 2019 in Prozent. (Quelle: Eigene Darstellung. Informationen aus der ARD/ZDF-Onlinestudie 2020)

Den Medienschaffenden in Deutschland ist das bewusst. Fast alle großen Medien sind inzwischen auf Instagram vertreten. Lokale Medien sehen Facebook teilweise noch als wichtiger an als Instagram. Das liegt daran, dass sie Facebook schon länger nutzen und dadurch eine höhere Reichweite haben und mehr Website-Klicks durch Facebook erzielen können. Instagram allerdings hebt sich von Facebook und anderen sozialen Netzwerken ab. Auf Twitter werden hauptsächlich Politiker*innen und Journalist*innen erreicht, die Beiträge sind textbasiert. Auf Facebook wird die Gesamtbevölkerung angesprochen, auch hier sind die Beiträge textbasiert, außerdem veröffentlichen Medienunternehmen dort Links zu Artikeln. Instagram hingegen ist eine ganz andere, eine visuelle Plattform. Hier ist das Erzählen von Geschichten durch visuelle Elemente in einer ganz neuen Art möglich. Junge Nutzer*innen wollen nicht nur Texte lesen, sondern auch Bilder, Grafiken und Videos dazu präsentiert bekommen. Deshalb ist eine Besonderheit von Instagram das Storyformat, das sich für visuelles Storytelling am besten eignet und von der jungen Zielgruppe gerne genutzt wird (Kroker 2018).

Meine Vermutung ist, dass vielen Journalist*innen noch nicht bewusst ist, dass auf Instagram Journalismus genauso möglich ist, wie auf anderen Plattformen. Zwar in einem ganz neuen Format, aber doch mit vielen klassischen Mitteln. Instagram-Storys haben, genauso wie Zeitungsartikel, einen Titel, einen Teaser und einen roten Faden. Es gibt Berichte, Interviews, Reportagen, Erklärstücke und Umfragen. Journalismus ist hier nicht neu, er hat nur ein anderes Format.

Die Grundlagen für dieses Buch sind zum einen meine Masterarbeit zum Thema Instagram-Journalismus aus dem Jahr 2018, deren Ergebnisse ich bereits im Springer-Essential ‚Instagram-Journalismus' festgehalten habe und für die ich unter anderem einige Accounts analysiert und Expert*innen befragt habe. Dazu kommen meine Erfahrung aus der Mitarbeit und Strategie-Entwicklung des Instagram-Accounts des Tagesspiegels, sowie einige Seminare zum Thema und Gespräche mit Instagram-Expert*innen.

1.1 Einführung in Instagram

Instagram wurde im Jahr 2010 gegründet, knapp fünf Jahre nach der Gründung von Facebook (Erxleben 2018). In Deutschland hat Instagram inzwischen 19,6 Mio. Nutzer*innen (Peeck 2019) und ist damit, sofern YouTube und WhatsApp nicht als soziale Medien gezählt werden, nach Facebook das zweitgrößte soziale Netzwerk in Deutschland (Blau 2020).

Wenn Sie dieses Buch in der Hand halten, werden vermutlich einige Zahlen schon wieder überholt sein. Denn die sozialen Medien ändern sich ständig, wachsen kontinuierlich und bekommen immer wieder neue Funktionen dazu. Die Grundprinzipien, die ich in diesem Buch erklären möchte, bleiben aber gleich.

Im Gegensatz zu Facebook zeichnete sich Instagram zu Beginn vor allem dadurch aus, dass sogenannte ‚Filter' zu veröffentlichende Fotos verschönern konnten. Auch heute noch ist die Plattform als Netzwerk der Bilder bekannt. Instagram hat, wie Facebook auch, eine Startseite, auf der jede*r Nutzer*in etwas publizieren kann. Dieser Newsfeed, im Folgenden einfach ‚Feed' genannt, unterscheidet sich von der Facebook-Startseite unter anderem durch den Algorithmus.

Der Instagram-Algorithmus wird hauptsächlich durch drei Faktoren beeinflusst. Zum einen durch das Interesse der Nutzer*innen an bestimmten Themen, das durch ihr vorheriges Verhalten auf Instagram analysiert wurde. Zum anderen stellt die Aktualität einen Faktor dar, denn je aktueller ein Beitrag ist, desto wahrscheinlicher wird er oben im Feed angezeigt. Für Sie als Instagram-Journalist*in ist es deshalb wichtig, täglich aktuelle Inhalte zu publizieren, damit Ihre Beiträge den Nutzer*innen überhaupt angezeigt werden. Zum Schluss ist noch relevant, wie die Nutzer*innen bisher mit anderen Accounts interagiert und welche sie beispielsweise schon gelikt haben. Dabei passt sich der Algorithmus so individuell an die Nutzer*innen an, dass selbst zwei Personen, welche den gleichen Accounts folgen, nicht der identische Feed angezeigt wird. Darüber hinaus beachtet der Algorithmus auch, wie häufig die Nutzer*innen die Plattform überhaupt öffnen, wie vielen Accounts sie insgesamt folgen und wie lange sie die Plattform am

Stück nutzen. Der Feed ist dabei so organisiert, dass alle Nutzer*innen einen Beitrag irgendwann sehen, wenn sie nur lange genug durch den Feed scrollen. Dabei wird kein Unterschied dahin gehend gemacht, ob es sich bei den Beiträgen um Fotos, Videos, Live-Storys oder geplante Storys handelt. Es gibt auch keine Accounts, die im Feed aus verschiedenen Gründen mehr Aufmerksamkeit als andere bekommen (Erxleben 2018). Der Algorithmus von Instagram kann sich schnell verändern, wenn sich das Unternehmen dazu entscheidet. Dabei sind diese Veränderungen meist unauffällig und werden nicht direkt bemerkt. Es sind auch nicht alle Aspekte des Algorithmus bekannt.

Abgesehen von dem Algorithmus liegt der Unterschied zwischen Facebook und Instagram darin, dass Nutzer*innen auf Facebook auswählen können, was sie publizieren möchten, sei es beispielsweise einen Text, ein Bild oder ein Dokument. Bei Instagram gibt es im Feed lediglich die Möglichkeit, Fotos oder Videos zu teilen. Dadurch liegt der Fokus nicht auf schriftlichem Inhalt, sondern rein auf der Optik. Fotograf*innen oder fotografisch begabte Personen sind deshalb auf Instagram oft erfolgreich. Wenn Sie die Möglichkeit haben, mit Fotograf*innen zusammen zu arbeiten, haben Sie bereits einen großen Vorteil gegenüber anderen Publizierenden. Auffallend viele Bilder oder Videos auf Instagram zeigen schöne Menschen, Landschaften oder Situationen. Instagram wird deswegen auch als ‚positive Plattform' bezeichnet.

Medienhäuser veröffentlichen im Feed hauptsächlich nachrichtliche Videos oder „Kacheln". Kacheln sind quadratische Bilder, die mit einem Text versehen sind. Das sind meistens Nachrichtenkacheln, zum Beispiel ein Foto von Angela Merkel mit dem Text „Angela Merkel tritt zurück". Oder auch eine Zitatkachel, zum Beispiel ein Foto von Angela Merkel mit dem Zitat als Text: „Wir schaffen das". Es gibt aber auch viele andere Möglichkeiten für Feedbeiträge, sie müssen nur entweder aus einem Video oder aus einem Bild bestehen.

Neben der Startseite, im Sprachgebrauch ‚Newsfeed' oder nur ‚Feed' genannt, hat Instagram noch eine weitere, sehr prominente Funktion – die Story-Funktion. In den Storys können Nutzer*innen Bilder oder Videos hochladen, die im Einzelnen maximal 15 s lang sein dürfen. Die einzelnen Story-Elemente nenne ich in diesem Buch ‚Slides', sie werden von anderen Instagram-Journalist*innen auch Snaps (von Snapchat) genannt. Eine Story ist immer im Hochkantformat und kann beispielsweise ähnlich aussehen wie die Tagesschau in 100 Sekunden. Mehrere Slides können aneinandergereiht werden, doch nach 24 Stunden werden sie gelöscht (Krieg 2017). Die Story-Funktion wird deshalb von Nutzer*innen vor allem dazu verwendet, Momentaufnahmen zu publizieren. Journalist*innen erzählen in Storys Geschichten oder erklären Themen, wie man es von Fern-

1.1 Einführung in Instagram

sehbeiträgen kennt, nur stärker komprimiert (Vgl. Abb. 1.3). Es gibt auch die Möglichkeit, Storys zu ‚highlighten' und damit im Profil festzusetzen. Dadurch können die Storys so lange abgerufen werden, bis sie vom Profil entfernt werden. Für Sie sind die Storys eine gute Möglichkeit, journalistisch zu arbeiten. Wie das genau funktioniert, wird in einem der folgenden Kapitel erklärt.

Der Erfolg der Storys ist enorm. Nachdem die Funktion im August 2016 eingeführt wurde, gab es bereits im Oktober 2017 300 Mio. täglich aktive Nutzer*innen (Kroker 2018). Im Juni 2018 nutzten 400 Mio. Menschen die Funktion, sechs Monate später waren es schon 500 Mio. täglich (Firsching 2019). 2019 blieb die Zahl bei 500 Mio. täglichen Story-Nutzer*innen (Vgl. Abb. 1.4).

Instagram wurde schon sehr früh, im Jahr 2012, von dem Konkurrenten Facebook übernommen. Zu diesem Zeitpunkt hatte Instagram erst eine Handvoll Mitarbeiter*innen (Erxleben 2017). Mittlerweile schätzen Experten den Wert des Unternehmens auf mehr als 100 Mrd. Dollar (Jacobsen 2018). 2019 nutzten weltweit über eine Milliarde Menschen Instagram.

Nachdem zunächst vor allem Privatpersonen auf Instagram aktiv waren, sind mittlerweile immer mehr Unternehmen auf der Plattform vertreten. 2019 gab es bereits 25 Mio. Unternehmensprofile weltweit. Etwa 80 % der Nutzer*innen folgen auch mindestens einem dieser Accounts und täglich besuchen etwa 200 Mio. Menschen ein Instagram-Profil eines Unternehmens. Diese Profile sind inzwischen sogar so erfolgreich, dass etwa ein Drittel der meist angesehenen Storys von Marken oder Unternehmen produziert werden (Firsching 2019).

Obwohl Medienunternehmen viele Beiträge auf Instagram publizieren und ihre Reichweite bei den jungen Nutzer*innen erhöhen möchten, gibt es weitaus erfolgreichere Instagram-Accounts. Unter die zehn besten deutschen Instagrammer*innen, also diejenigen mit den meisten Abonnent*innen, fallen Anfang 2020 ausschließlich Fußballer und sogenannte Influencer*innen (zu Deutsch: Beeinflusser*innen). Die Konsument*innen folgen Spielern der deutschen Nationalmannschaft, den Influencer-Zwillingen Lisa und Lena, die durch die Kurzvideoplattform ‚TikTok' berühmt wurden, und dem deutsch-philippinischen Model Pia Wurtzbach (Pressesprecher 2020). Weltweit gehören zu den zehn beliebtesten Instagram-Accounts die von Sänger*innen, Influencer*innen, Schauspieler*innen, Fußballern und der Account von Instagram selbst (Melchior 2019). Bei den gemeinschaftlichen Accounts ist ‚Everydayafrica' erfolgreich, auf dem mehrere professionelle Fotograf*innen täglich Bilder und Videos aus Afrika publizieren.

Zu den erfolgreichsten deutschen Medien auf Instagram gehören die Tagesschau mit 1,9 Mio. Follower und Promiflash mit 1,3 Mio. Abonnent*innen (Stand Juni 2020). Sowohl Medienunternehmen, als auch prominente Accounts können

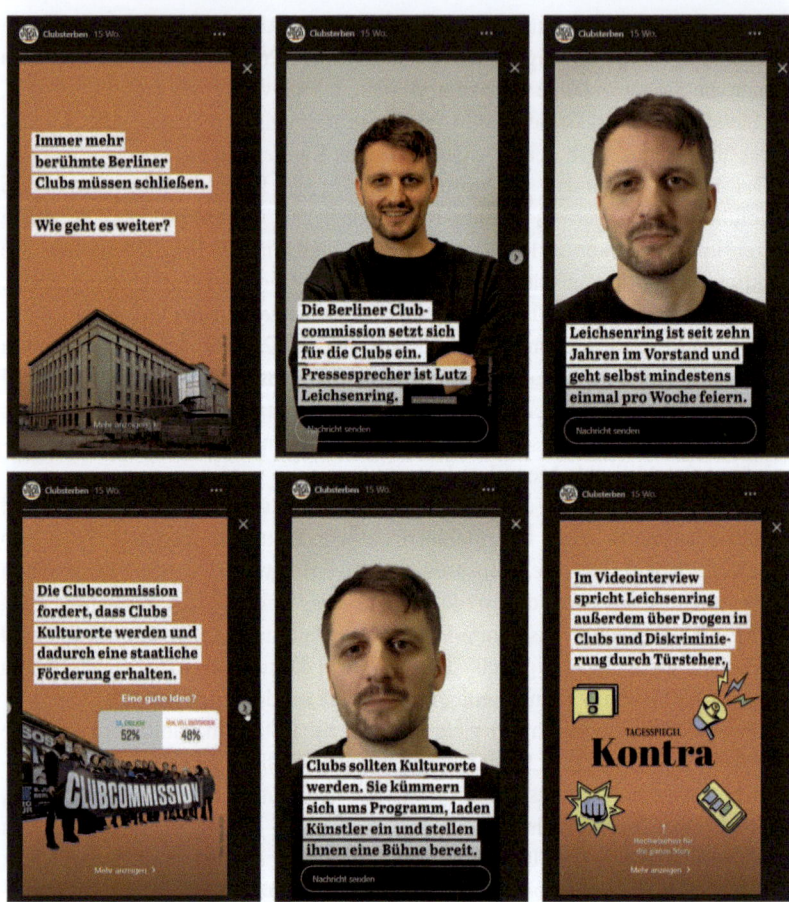

Abb. 1.2 Story-Highlight auf dem Account des Tagesspiegels im Februar 2020. (Quelle: Instagram-Account des Tagesspiegels)

sich ab einer Reichweite von 10.000 Followern (Nutzer*innen, die ihren Account abonniert haben) in ‚Business Accounts' umwandeln lassen. Sie erhalten dann einen blauen Haken, durch den die Echtheit der Person oder der Marke verifiziert werden soll. Außerdem bekommen sie relevante Informationen, wie zum Beispiel welche Personen ihnen folgen und wie viele davon Männer/Frauen unter oder über 18 Jahren sind. Darüber hinaus können sie beispielsweise Kommentar-

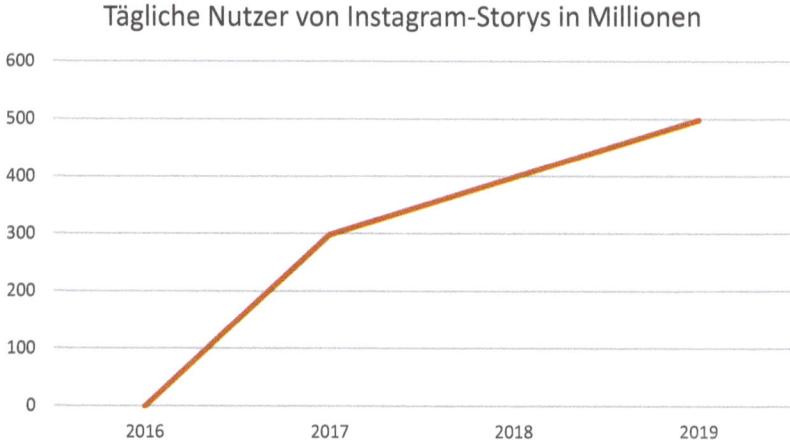

Abb. 1.3 Tägliche Nutzer von Instagram-Storys in Millionen. (Quelle: Eigene Darstellung mit Informationen von Kroker 2018 und Firsching 2019)

funktionen auf ihren Accounts deaktivieren oder bestimmte Wörter blockieren (Schwichtenberg 2018).

Zusätzlich können sie in ihren Instagram-Storys eine ‚Hochwischen'-Funktion einstellen. Durch diese Funktion kann derjenige, der die Story erstellt hat, einen Link auf eine Website einfügen. Als Journalist*in können Sie hier auf einen Artikel, den Sie bereits online gestellt haben, verlinken. Das geht allerdings nur, wenn Ihr Account den blauen Haken hat, der Ihre Marke verifiziert. Ab 10.000 Follower können Sie den blauen Haken bekommen. Ohne 10.000 Follower gibt es noch andere Möglichkeiten der Verifizierung, die aber nicht immer funktionieren, da jeder Account von Instagram geprüft werden muss. Ohne den blauen Haken fehlen Ihnen elementare Möglichkeiten für das journalistische Arbeiten.

Influencer*innen können mit Instagram viel Geld verdienen. Dadurch, dass sie eine hohe Nutzerreichweite aufweisen, werden sie von Unternehmen angefragt, ob sie ihre Produkte auf Bildern oder Videos präsentieren möchten. Die Unternehmen bezahlen die Influencer*innen für diese Werbung, und die Influencer*innen müssen die Produktplatzierung auf ihren Accounts als Werbung kennzeichnen. Hierauf gehe ich in einem gesonderten Kapitel noch einmal ein.

Die meisten aktiven Nutzer*innen der Plattform haben mehrere Accounts abonniert. Sie folgen ihren Freund*innen, ihren Geschwistern, Sportler*innen, Organisationen, Influencer*innen und Medienunternehmen. Die Unternehmen müssen deshalb regelmäßig gute Inhalte publizieren, da sie sonst in der Flut von Nachrichten und Bildern untergehen. Da Medienunternehmen das Ziel haben, von Nutzer*innen als glaubwürdig betrachtet zu werden, haben sich die meisten bisher dagegen entschieden, genauso wie Influencer*innen Werbung über Instagram zu machen. Inzwischen gibt es aber Medienhäuser, die Werbekooperationen mit Unternehmen haben und diese auch auf Instagram ausspielen. Ob das eine journalistisch gerechtfertigte Lösung ist, um Geld zu verdienen, muss jedes Unternehmen für sich selbst entscheiden. Werbung ist bisher die einzige mögliche Einnahmequelle auf Instagram, abgesehen von Homepage oder E-Paper-Abonnements, die durch Instagram-Inhalte zustande kommen.

1.2 Definition von Instagram-Journalismus

Der Begriff Instagram-Journalismus beinhaltet in diesem Buch alle Aktivitäten, die Nachrichtenmedien auf Instagram tätigen. Der Instagram-Journalismus besteht aus zwei Teilen, Journalismus im ‚Feed' einschließlich des längeren Videoformats ‚IGTV' und Journalismus in den ‚Instagram-Storys'. Für beide Varianten gibt es verschiedene Möglichkeiten.

Im Feed können Sie Informationen in Form von Bildern oder Videos vermitteln oder Leserfotos teilen. In den Storys gibt es noch mehr Möglichkeiten, Geschichten zu erzählen und Informationen zu verbreiten. Beispielsweise kann das durch kurze Videos oder durch aneinandergereihte Fotos mit Texten oder Grafiken geschehen. Die Videos in einer Instagram-Story können, wie bereits erwähnt, an das Format der Tagesschau erinnern.

In der Tagesschau gibt es eine*n Moderator*in und mehrere Kurzfilme, die ein Thema erklären. Eine Instagram-Story kann eine*n Moderator*in haben, muss aber nicht. Erklärende Kurzfilme werden auch hier häufig verwendet, sind jedoch sehr viel kürzer als in der Tagesschau und funktionieren oftmals ohne Ton und stattdessen mit Bildunterschriften. Themen, die in der Tagesschau schon knapp zusammengefasst sind, werden in den Instagram-Storys noch weiter komprimiert. In den Instagram-Storys gibt es zusätzlich einige weitere Möglichkeiten, wie zum Beispiel die der Nutzerinteraktivität. Konsument*innen können in Storys über Themen abstimmen oder weiterklicken, wenn ihnen ein Beitrag zu lang ist.

Obwohl es für Medienunternehmen bisher schwer möglich ist, mit Instagram-Journalismus Geld zu verdienen, investieren die meisten trotzdem Zeit und Geld in die Plattform. Grund dafür ist, dass sie ihre Marke auf der Plattform bekannt machen wollen. Sie wollen junge Nutzer*innen ansprechen, auf sich

1.2 Definition von Instagram-Journalismus

aufmerksam machen und eine Kundenbindung erzeugen. Wenn der Medienaccount die Instagram-Nutzer*innen überzeugt, besuchen sie möglicherweise auch regelmäßig die Homepage des Unternehmens. Sie können als Instagram-Journalist*in einer Redaktion also schon hier Klicks generieren und aus dieser Zielgruppe E-Paper-Leser*innen gewinnen. Die ‚Welt' verlinkt auf ihrem Instagram-Account auf Paid Content ihrer Website. Wie gut diese Verkäufe funktionieren, ist unterschiedlich: „Wenn eine Geschichte auf Instagram sehr gut läuft, wie zum Beispiel der Vorabdruck eines Buches von Heidi Fried, einer 95-jährigen Holocaust-Überlebenden, kann der Anteil der Sales auf Instagram schon mal 30 Prozent ausmachen", schreibt Kress-Autorin Susanne Lang über die Welt auf Instagram (Kress 2020). Falls es Ihnen noch nicht gelingen sollte, Ihre Instagram-Follower zu Paid-Content-Käufer*innen zu machen, können Sie über die Plattform zumindest sichergehen, nicht den Anschluss an Ihre Zielgruppe zu verlieren.

Aktueller Forschungsstand 2

Bisher ist kaum Literatur vorhanden, die sich explizit mit Instagram-Journalismus auseinandersetzt, da die Story-Funktion der Plattform erst 2016 eingeführt wurde. Es gibt allerdings einen Forschungsstand zum Thema Instagram-Marketing, der sich mit Instagram-Strategien für Unternehmen befasst. Außerdem gibt es bereits Literatur zum Thema Journalismus im Internet und in den sozialen Medien, die zumindest am Rande auf Instagram eingehen. Diesen Forschungsstand möchte ich Ihnen in den folgenden Kapiteln zusammenfassen.

2.1 Journalismus in den sozialen Medien

In einer Umfrage für die Studie ‚Brennpunkt Journalismus' von 2017 gaben mehr als die Hälfte der deutschen Journalist*innen an, dass soziale Netzwerke für ihre Arbeit eine wichtige Rolle spielen. Dabei lag der Anteil der jungen Journalist*innen wesentlich höher als der Anteil der älteren.

Im Vergleich der gewonnen Relevanz in zwölf Monaten kam Instagram bei den befragten Journalist*innen auf Platz drei, bei 21 % der Befragten hat die Plattform an Bedeutung gewonnen. Dieser Wert wird in Zukunft vermutlich deutlich steigen. 62 % der befragten Journalist*innen geben an, dass ihr Ziel in den sozialen Netzwerken ist, die Leser*innen an ihr Produkt zu binden. Darüber hinaus möchten sie die Leser*innen auf die Website ihres Mediums lotsen oder auch die Bekanntheit ihres Verlages erhöhen (News Aktuell 2017).

Bei einer Schweizer Studie aus dem Jahr 2019 heißt es, Social Media sei bei fast allen befragten Medienschaffenden für deren Recherchearbeit relevant. „Im Sport- oder People-Journalismus ergänzen insbesondere der Facebook- und Instagram-Auftritt die Hintergrund-Recherche zu den Interviewpartnern"

© Der/die Herausgeber bzw. der/die Autor(en), exklusiv lizenziert durch Springer Fachmedien Wiesbaden GmbH, ein Teil von Springer Nature 2020
S. Bettendorf, *Instagram-Journalismus für die Praxis*,
https://doi.org/10.1007/978-3-658-31484-2_2

(Bernet 2019). Wichtig ist für die in der Studie befragten Journalist*innen allerdings, sich nicht ausschließlich auf Social-Media-Quellen zu verlassen.

Die Kommunikationswissenschaftler Hektor Haarkötter und Jörg-Uwe Nieland liefern in ihrem empirischen Werk zur ‚Initiative Nachrichtenerklärung' Informationen zur Mediennutzung junger Menschen, welche auf verschiedenen Studien basiert. So heißt es zum Beispiel, dass Mediennutzer*innen unter 35 Jahren in der Regel nur zufällig auf Nachrichten stießen, und dass sie die betreffenden Inhalte auch nicht besonders gut einordnen könnten. Je jünger die Nutzer*innen seien, desto höher sei auch „der Anteil jener, die nicht proaktiv nach Nachrichten und Informationen suchen" (Haarkötter und Nieland 2018, S. 156).

Daraus ist zu schließen, dass viele junge Menschen sich fast ausschließlich über soziale Netzwerke informieren und neben den klassischen Medien, wie Printzeitungen, Fernsehen oder Radio, auch nicht mehr von sich aus auf Onlinemedien zugreifen. Sie erhalten Nachrichten folglich vor allem, wenn sie in ihrem Newsfeed in einem sozialen Netzwerk automatisch erscheinen. Diese These wird auch im weiteren Verlauf von den Autoren bestätigt, wenn es heißt: „Das Internet wird von der jungen Zielgruppe als ein ‚All-in-one-Medium' zur Nutzung wechselseitiger als auch produzierter Medienkommunikation (von originär digitalen Anbietern, aber auch aus TV, Radio und Tageszeitung) genutzt." (Haarkötter und Nieland 2018, S. 158).

Die Tatsache, dass Jugendliche sich ausschließlich über soziale Netzwerke informieren, führt häufig zu der Annahme, dass sie sich wenig für Politik und ihre Umwelt interessieren. Doch die Shell-Jugendstudie konnte hinsichtlich dieses Aspektes das Gegenteil nachweisen: „Im Vergleich zum Jahr 2002 steigt es [das Interesse] in der Altersgruppe der 15- bis 24-Jährigen wieder an. Der Anteil derjenigen, die sich als politisch ‚interessiert' oder ‚stark interessiert' bezeichneten, belief sich im Jahr 2015 auf 46 Prozent im Vergleich zu 34 Prozent im Jahr 2002" (Haarkötter und Nieland 2018, S. 159). Im Jahr 2019 hat sich das Interesse weiter stabilisiert (Shell Jugendstudie 2019).

Diese Studie zeigt, dass soziale Medien nicht zu einem Desinteresse an Politik bei jungen Erwachsenen führen, da ihr Interesse seit der Einführung und vermehrten Nutzung von Social Media zunahm. Vielmehr interessieren sie sich mehr dafür, wenn ihnen die Informationen in den sozialen Netzwerken angezeigt werden. Begegnen die Medien den Nutzer*innen dort, wo sie sich aufhalten, nehmen sie die Medienangebote an und informieren sich über Websites oder direkt auf der jeweiligen Social-Media-Plattform über das aktuelle Geschehen.

Einige große Medienunternehmen versuchen junge Nutzer*innen mit neuen Nachrichtenwebsites, die explizit Inhalte für eine junge Zielgruppe bereitstellen, sowohl auf der Homepage als auch in den sozialen Netzwerken mit zugehörigen

2.1 Journalismus in den sozialen Medien

Auftritten zu begegnen. Dazu zählen beispielsweise die Produkte von ‚Zeit Online' (ze.tt), ‚Handelsblatt Online' (Orange by Handelsblatt) oder die ‚Süddeutsche Zeitung' mit ‚jetzt.de'. Sie wollen ihre Inhalte, die besonders auf junge Menschen zugeschnitten sind, auf den Plattformen verkaufen, auf denen sie sich aufhalten (Haarkötter und Nieland 2018, S. 163).

Mit diesem Ansatz gehen sie einen großen Schritt auf eine neue Zielgruppe zu, doch es gibt auch Anlass zur Kritik. Zum einen werden in den Redaktionen oft junge, weniger erfahrene Journalist*innen eingesetzt, da diese nah an der Zielgruppe sind. Dadurch verlieren die journalistischen Inhalte jedoch an Qualität, wenn sie nicht mehr regelmäßig von ausgebildeten Redakteur*innen betreut werden. Zum anderen werden die Leser*innen, welche sich über soziale Netzwerke informieren, teilweise als homogene Zielgruppe gesehen. Dabei gibt es inzwischen auf Instagram einige Nutzer*innen, die über 40 Jahre alt sind, und auf Facebook sind mittlerweile alle Altersgruppen vertreten. Es herrscht keine Homogenität. Deshalb heißt es von Kritikern auch: „Vor lauter Angst, die jungen Leser mit zu langen oder komplizierten Texten abzuschrecken, werden sie mit banalisierten Inhalten unterfordert. Offenbar traut die Redaktion ihrer Zielgruppe, zu der ja auch Studenten und Berufseinsteiger gehören, nicht zu, sich länger als drei Minuten mit einem Thema auseinanderzusetzen." (Haarkötter und Nieland 2018, S. 163).

Junge Erwachsene sind zwar keine klassischen Zeitungsleser, interessieren sich aber größtenteils für dieselben Themen. Sie möchten sie nur anders aufbereitet bekommen. Beim Konzpieren von Instagram-Inhalten können Sie sich an journalistischen Qualitätskriterien, die Ihnen aus dem klassischen Journalismus bekannt sind, orientieren. Die neue Plattform bietet Ihnen viele Vorteile, die es vorher nicht gab. Zum Beispiel können Sie durch Ihre Beiträge ein direktes Feedback der Nutzer*innen erhalten und gleichzeitig ein besseres Leser*innenbindung etablieren. „Die Redaktionen haben damit begonnen, Nutzerfeedback systematischer in ihre Themenplanung und Beitragsproduktion einzubeziehen und versuchen, über unterschiedliche Dialogkanäle sowohl konkret ihre Berichterstattung zu ergänzen, aber auch die Nutzerbindung an die Nachrichtenmarke zu erhöhen", bestätigen auch Haarkötter und Nieland (2018, S. 181). In einigen Redaktionen ist es mittlerweile üblich, ein Thema aufgrund von Publikumsfeedback weiter zu verfolgen und so die Nutzer*innen in die Berichterstattung miteinzubinden. (Haarkötter und Nieland 2018, S. 168).

Abgesehen von dem journalistischen Mehrwert profitieren diese Redaktionen von einem vertrauensvollen Verhältnis mit ihren Leser*innen und demnach einer verbesserten Leser*innenbindung. Möglich ist das beispielsweise durch den direkten Dialog in sozialen Medien zwischen Redakteur*innen und Nutzer*innen.

Die Mitarbeiter*innen, die im Namen von Medienunternehmen Nachrichten beantworten, schreiben teilweise ihren Namen hinter ihre Antworten, um dieses Vertrauensverhältnis weiter zu verstärken. Bei öffentlichen Beiträgen nutzen sie Personalpronomen wie ‚ich' und ‚wir'. Die Autorinnen Susanne Femers-Koch und Stefanie Molthagen-Schnöring bestätigen diese Annahme: „Der amerikanische Social-Media-Spezialist Dan Zarrella hat in diesem Zusammenhang herausgefunden, dass Posts, die aus persönlicher Sicht geschrieben werden und Personalpronomen wie ‚ich', ‚wir' oder ‚unser' gebrauchen, tendenziell mehr Likes bekommen. Kommentiert werden demnach auch solche Beiträge eher, die eine klare Aussage formulieren und sich nicht hinter neutralen Formulierungen verstecken." (Koch und Schnöring 2018, S. 103).

2.2 Strategien für Social-Media-Journalismus

Einige Inhalte sind in den sozialen Medien besonders erfolgreich. Dazu gehören laut Social-Media-Experte Stefan Primbs Inhalte und Formate, die „auf einen Blick erfassbar sind, eine subjektive und individuelle Note aufweisen, für eine Special-Interest-Gruppe geeignet sind, einen hohen Nutzwert aufweisen, man leicht teilen kann und über die sich gut diskutieren lässt" (Primbs 2016, S. 66). Verschiedene Social-Media-Trends erfüllen diese Kriterien, doch für Instagram-Journalismus im Feed passt das Format der Infografik besonders gut. Die Infografik stellt kein neues Format dar, da sie beispielsweise in Tageszeitungen verwendet wird. Für Journalismus in den sozialen Netzwerken kommt Infografiken jedoch noch einmal eine höhere Relevanz zu. Die Grafiken eignen sich dort besonders gut, weil sie leicht teilbar sind und gleichzeitig schwierige Zusammenhänge vereinfacht darstellen (Primbs 2016, S. 68). Die Grafiken sollten auf den ersten Blick verständlich sein, da viele Nutzer*innen oft nur wenige Sekunden auf ein Bild schauen.

Infografiken haben noch dazu den großen Vorteil, dass sie für viele Redaktionen ein vertrautes Format sind. Im Unterschied zu täglichen Nachrichtenmeldungen, die von allen Medienunternehmen veröffentlicht werden, stechen Infografiken visuell hervor. Gute und aktuelle Infografiken bekommen auf Instagram deshalb oft mehr Likes und Kommentare als gewöhnliche Zitat- und Textkacheln.

Beim erstmaligen Erstellen einer Strategie sollte, wie auch bei anderen Unternehmensstrategien, zu Beginn zunächst eine allgemeine Zielstellung und danach messbare Ziele wie Followerzahlen und Interaktionsraten definiert werden. Weiterhin sollte die Haltung des Mediums auf Instagram festgelegt werden. Dabei geht es vor allem darum, wie mit den Nutzer*innen umgegangen und kommuniziert wird und welches Bild das Unternehmen von sich selbst zeigen möchte (Primbs 2016, S. 74). Wenn diese Strategie existiert, kann im nächsten Schritt ein konkreteres Konzept erarbeitet werden. Für Instagram-Journalismus sind hierbei folgende Punkte relevant: Wie viele Mitarbeiter*innen beschäftigen sich wann mit dem Instagram-Account des Unternehmens? Wie viele Beiträge werden täglich oder wöchentlich produziert? Welche Krisenkonzepte braucht es, wie werden Kommentare moderiert? Welche Themen werden bespielt?

Wenn das Konzept umgesetzt wurde und die Accounts bespielt werden, sollte der Erfolg regelmäßig gemessen und das Konzept entsprechend angepasst werden. Gemessen werden sollten die organische und gegebenenfalls die bezahlte Reichweite, die Beiträge mit der größten und kleinsten Gesamtreichweite und den höchsten und niedrigsten Interaktionsraten sowie die Follower-Entwicklung (Primbs 2016, S. 80–81).

2.3 Instagram-Marketing

Instagram-Experte Gary Vaynerchuk sagt: „Eine gute Marketingstory ist eine, die erfolgreich verkauft. Sie schafft eine Emotion, die Verbraucher dazu bringt, sich so zu verhalten, wie Sie es gerne hätten." Dieses Ziel könne nur mit Beiträgen erreicht werden, die eigens für dieses Medium erstellte Inhalte enthalten (2017, S. 27). Dabei sind die sozialen Netzwerke mit Inhalten überfüllt, sodass Nutzer*innen zwischen tausenden von Angeboten auswählen müssen. „Nur hervorragender Content kann sich gegenüber der allgemeinen Geräuschkulisse durchsetzen", erklärt Vaynerchuk. Dieser Content (Inhalt) sei an verschiedenen Merkmalen erkennbar. Zunächst sollten die Inhalte eigens für das Medium erstellt werden, dann sollten sie die Nutzer*innen nicht stören und auch keine Ansprüche an sie stellen. Die Inhalte sollten sich den jungen Nutzer*innen anpassen, unterhaltsam und neu sein und der gesamte Social-Media-Auftritt eines Unternehmens muss konsistent und selbstbewusst sein (Vaynerchuk 2017, S. 32–43). Instagram ist eine besondere Plattform und es ist wichtig, dass Journalist*innen Beiträge explizit für Instagram erstellen, da diese Beiträge von den Followern wesentlich besser angenommen werden, als Inhalte in der Zweitverwertung.

In den meisten Medienunternehmen existieren schon Social-Media-Auftritte, zumindest in Form von Facebook-Profilen. Beim Erstellen eines neuen Instagram-Auftritts ist es nun sinnvoll, diesen mit den bereits bestehenden Social-Media-Accounts zu verknüpfen und auf den anderen Plattformen auf den neuen Account zu verweisen, zu verlinken und ihn zu bewerben. Auf diese Weise kann schon zu Beginn Reichweite erzielt werden.

Genauso wie auch bei Facebook ist es wichtig, auf Instagram mit den Followern zu interagieren. Reagieren Sie auf Kommentare und beantworten Sie Fragen der Nutzer*innen. Die Nutzer*innen sollten ernst genommen und gelegentlich auch mit Likes belohnt werden. Den Nutzer*innen können starke Bilder präsentiert werden und Videos oder Bilder mit Texten. Diese müssen kurz, knapp, ansprechend, auf gar keinen Fall langweilig und mit einem ansprechenden Hintergrund dargestellt werden.

Ebenfalls wichtig sind die Hashtags – Schlagwörter, die mit einer Raute (#) markiert werden. Durch diese werden neue Instagram-Nutzer*innen erreicht, da sie sich vielleicht zunächst nur für bestimmte schon vorhandenen Schlagwörter und deren Beiträge interessieren, davon dann aber auf die Seite des Unternehmens wechseln. Bei Instagram gibt es, anders als bei anderen sozialen Medien, die Möglichkeit Hashtags zu folgen. Nutzer*innen bekommen diese Hashtags dann regelmäßig angezeigt, eine Nutzung guter Hashtags lohnt sich. Es gibt auch die Möglichkeit, Hashtags selbst zu kreieren. Diese sollten klug gewählt werden, kurz und aussagekräftig sein. Für Vaynerchuk sind Hashtags auf Instagram wichtiger als auf Twitter: „Auf Twitter kann der Hashtag manchmal der Zuckerstreusel sein – die Prise Ironie, der Schuss Humor, den Sie einmal oder vielleicht zweimal täglich verwenden. Auf Instagram hingegen sind Hashtags der ganze Kuchen." (Vaynerchuk 2017, S. 154).

Der Grund, warum man viele Hashtags nutzen sollte, ist laut Vaynerchuk, dass ein Klick auf einen Hashtag Nutzer*innen zu einer ganz neuen Seite mit anderen Bildern unter demselben Hashtag führe. Laut Vaynerchuk gäbe es keine bessere Methode, um mehr Einblendungen zu bekommen und Follower zu gewinnen: „Hashtags sind die Zugänge, über welche Leute Ihre Marke entdecken werden; ohne sie werden Sie unsichtbar bleiben." (Vaynerchuk 2017, S. 154) Wenn Nutzer*innen Ihren Unternehmenshashtag verwenden, können Sie sich die publizierten Bilder ansehen und, falls es wertvollen Content bietet, die Nutzer*innen fragen, ob Sie die Bilder auf Ihrer Seite teilen können. Auf diese Weise wird Ihnen nicht nur Content geliefert, sondern Sie verbessern auch die Beziehung zu Ihren Nutzer*innen.

Wie auch bei anderen Social-Media-Accounts sollten auch auf Instagram mehrmals täglich neue Beiträge publiziert werden und dabei ein regelmäßiger Rhythmus entstehen. So werden Nutzer*innen nicht gelangweilt und auch nicht mit zu vielen Beiträgen überfordert. Instagram-Aktionen, die eine besonders hohe Verbreitung erfahren ('viral gehen'), sorgen für eine höhere Reichweite und damit dem Wachstum des Accounts. Ein Paradebeispiel liefert die Jeansmarke Levi's. Mitarbeiter*innen des Unternehmens suchten über Instagram nach einem

2.3 Instagram-Marketing

Model für ihre Kollektion und forderten Nutzer*innen dazu auf, Fotos von sich selbst mit dem Hashtag #iamlevis zu publizieren. Das Unternehmen konnte auf diesem Weg mit über 3000 publizierten Bildern schätzungsweise bis zu 30.000 Instagram-Nutzer*innen erreichen, was zu dieser Zeit noch sehr viel war. (Richter 2017, S. 5–9).

Abgesehen von regelmäßigen Beiträgen ist ein sorgfältiges Profil wichtig für einen guten Auftritt. Das Profilbild sollte ansprechend sein und klar zeigen, um wen es in diesem Account geht – beispielsweise das Logo Ihres Unternehmens. In der Biografie auf dem eigenen Instagram-Account kann zudem Ihre Website platziert und Ihr Unternehmen in wenigen Schlagwörtern möglichst authentisch und ansprechend beschrieben werden. Es ist nur möglich, einen einzigen klickbaren Link in der Biografie zu verwenden. Sinnvoll ist, hier den Link einer Themenseite zu setzen. Auf der Themenseite sollten alle Texte erscheinen, die zu den Feedbeiträgen gehören, da man auch in Feedbeiträgen keine Links setzen kann. Es gibt unterschiedliche Möglichkeiten für Themenseiten. Redaktionen können im System ihrer Homepage eine Themenseite erstellen und die Social-Media-Redakteur*innen müssen dann die einzelnen Artikel, die sie auf Instagram publizieren, in dem System zu der Themenseite hinzufügen. Es gibt auch kostenpflichtige Programme, die Themenseiten erstellen. Der Link in der Biografie sollte zusätzlich auch immer zum Impressum des Unternehmens führen.

Bei den Beiträgen sollte Heterogenität in der Homogenität vorhanden sein. Beispielsweise sollten gleiche Filter, gleiche Farben und Formen verwendet werden, um Nutzer*innen ein einheitliches Unternehmen und feste Strukturen zu präsentieren. Gleichzeitig sollten immer wieder unterschiedliche Bilder und Motive verwendet werden, um Abwechslung innerhalb der festen Leitlinien anzubieten (Richter 2017, S. 17–19).

Wichtig ist bei den Beiträgen, dass sie einen Mehrwert für die Nutzer*innen darstellen, sonst werden diese dem Account nicht weiter folgen. Über Instagram ist es nicht schwierig, die Interessen der Nutzer*innen herauszufinden. Hierfür dienen der Dialog mit den Kund*innen und auch das Besuchen der Kundenprofile. Es ist auch sinnvoll, anderen Accounts zu folgen und dort im Namen des Unternehmens zu kommentieren, wie es beispielsweise die Social-Media-Redakteur*innen der Welt erfolgreich machen. Die Anzahl der eigenen Follower kann sich bei viel Engagement schnell erhöhen.

Für Unternehmen im Allgemeinen und ganz speziell für Medienunternehmen bietet die neue Story-Funktion zahlreiche Möglichkeiten. Das Instagram-Storformat wurde erst im August 2016 geschaffen und allein im Juni 2017 veröffentlichten über 50 % der dort vertretenen Unternehmen mindestens eine

Story. Eine Analyse, die damals noch für das Konkurrenzportal ‚Snapchat' durchgeführt wurde, zeigt, dass Storys mit maximal acht Inhalten am häufigsten angesehen wurden. Zudem ist in den Storys eine gute Mischung von Fotos und Videos ausschlaggebend, wobei Live-Videos von solchen Details ausgenommen sind. In der Instagram-Story sollten, wie auch in Feed-Beiträgen, Hashtags, Verlinkungen und Standorte verwendet werden. Durch diese Funktionen können neue Nutzer*innen angesprochen werden, die sich zuvor beispielsweise nur für den Standort interessierten. Darüber hinaus gibt es zusätzlich technische Funktionen, die Boomerang, Hyperlapse, Zeichnen oder Text hinzufügen heißen, mit denen man Storys für die Nutzer*innen ansprechender gestalten kann (Richter 2017, S. 20–47).

2.4 Journalismus in Instagram-Storys

In Instagram-Storys lassen sich Geschichten erzählen. Der britische ‚Guardian' gilt als Vorreiter im Instagram-Journalismus. Der ‚Guardian' hat seine Followerzahl auf Instagram innerhalb eines Jahres um 57 % erhöht. Von diesen Followern besuchen viele später auch die Website des Unternehmens, um sich über das Nachrichtengeschehen zu informieren. 60 % dieser so gewonnenen Leser*innen sind neu auf der Website (Davies 2018). Eine beeindruckende Zahl, da die Redaktion dadurch die bisher unerreichte Gruppe der Generationen Y und Z (nach 1980 geboren) erreicht. Der ‚Guardian' hat es also geschafft, Instagram als Werbeplattform zu nutzen und eine hohe Zahl neuer Kund*innen auf die Website zu locken. Das Ziel des Unternehmens ist es dabei, die Kund*innen weiter an den ‚Guardian' zu binden, zu regelmäßigen Leser*innen der Website zu machen und sie schließlich im besten Fall dazu zu bewegen, für den Journalismus des ‚Guardians' auch Geld zu bezahlen. Die Instagram-Redakteur*innen des ‚Guardians' nutzen vor allem das Storyformat um neue Projekte zu verwirklichen und Leser*innen im Alltag in einer neuen Form zu erreichen.

Erfolgreiche Beispiele sind das wöchentliche, einminütige Storyformat ‚Fake or For Real' oder ‚Brexit Bites'. In ‚Fake or For Real' erzählt eine Moderatorin einen Fakt und fragt dann die Nutzer*innen: „Wahr oder falsch?" Dieses Beispiel wird in einem späteren Kapitel noch einmal aufgegriffen. Jede Woche wurde diese Story von etwa 50.000 Nutzer*innen angesehen. Diese Zahl stammt noch aus dem Jahr 2017, in dem das Format gegründet wurde. Sie müsste inzwischen um ein Vielfaches höher sein.

2.4 Journalismus in Instagram-Storys

Im Format ‚Brexit Bites' bekommen die Nutzer*innen immer wieder Informationen über die aktuellen Brexit-Verhandlungen. Für die zahlreichen Formate hat das Unternehmen verschiedene Richtlinien erstellt, um die Übersicht zu behalten. Auf ihrem Instagram-Account soll es vornehmlich um die Themen Umwelt, Menschenrechte und Tierrechte gehen. Außerdem sollen die Beiträge hoffnungsvoll sein und Lösungen aufzeigen (Davies 2018).

Wünsche und Erwartungen von Instagram-Nutzer*innen 3

Medienmarken schneiden auf Instagram im Follower-Vergleich mit Influencer*innen oder Fußballern schlecht ab. Dabei gibt es ein weitaus größeres Interesse der Nutzer*innen, Nachrichtenmedien auf Instagram zu folgen. Das ergab unter anderem meine Masterarbeitsumfrage von 2018 mit 68 Teilnehmer*innen, die Instagram nutzen. Das Marktpotenzial ist groß und noch lange nicht ausgeschöpft. Wie die Abb. 3.1 zeigt, ging der Anteil der Facebook-Nutzung in Deutschland zwischen 2017 und 2019 leicht zurück, während die Nutzung von Instagram stark anstieg.

3.1 Technische Details

In den Storys lassen sich journalistische Geschichten besser erzählen, als es in den Feedbeiträgen mit einzelnen Bildern möglich ist. Deshalb könnte man vermuten, dass sich die Nutzer*innen vor allem mit den Storys auf der Plattform beschäftigen und weniger mit dem Feed. Doch die Realität sieht anders aus. In der Masterarbeitsumfrage gaben die meisten Instagram-Nutzer*innen an, öfter den Feed anzuschauen als die Storys. Dieser Aspekt ist relevant, da für die Produktion der Storys wesentlich mehr Zeit aufgewendet wird. Wenn nun aber eine aufwendige Story produziert wird, die Follower sich aber eher für die Feedbeiträge interessieren, fällt der Kosten-Nutzen-Effekt negativ aus. Dafür ist es bei Storys möglich, direkt auf eine Verlinkung zu klicken. Über, Feedbeiträge ist es etwas umständlicher. Wenn für Sie die Klickzahlen ausschlaggebend sind, könnten Sie schauen, ob Sie über die Feedbeiträge oder über die Story mehr Websiteklicks generieren.

© Der/die Herausgeber bzw. der/die Autor(en), exklusiv lizenziert durch Springer Fachmedien Wiesbaden GmbH, ein Teil von Springer Nature 2020
S. Bettendorf, *Instagram-Journalismus für die Praxis*,
https://doi.org/10.1007/978-3-658-31484-2_3

Abb. 3.1 Veränderung der wöchentlichen Social-Media-Nutzung der Deutschen von 2017 bis 2019. (Quelle: Eigene Darstellung aus Informationen der ARD/ZDF-Onlinestudie 2020)

Ein wichtiger Aspekt für alle Videobeiträge in Feed und Story ist, ob diese mit oder ohne Ton bzw. Untertitel produziert werden. Konsument*innen nutzen Instagram oft unterwegs an Orten wie in Bus und Bahn, an denen es unpassend scheint, den Ton des Handys laut zu stellen. Deshalb schauen die meisten Nutzer*innen Videos ohne Ton an. Grund dafür ist, dass Videos mit Ton für den Nutzer*innen ohne Kopfhörer nicht verständlich sind, wenn das Video keine Untertitel oder andere Beschreibungen aufweist.

Die meisten Instagram-Journalist*innen verwenden deshalb für fast alle Videobeiträge Untertitel, sodass sie auch ohne Ton verständlich sind. Nun gibt es jedoch Unterschiede, ob die Beiträge überhaupt über einen Ton verfügen, wie beispielsweise den atmosphärischen Ton oder eine hinzugefügte Hintergrundmusik, oder ob gar kein Ton verfügbar ist. Viele Instagram-Nutzer*innen gaben in der Umfrage an, dass sie Hintergrundmusik als störend empfinden. Wieder anderen ist es egal, aber nur sehr wenige finden sie tatsächlich angenehm. Da sie als störend angesehen wird und einen zusätzlichen Zeitaufwand erfordert, um passende Musik zu suchen und einzufügen, sollte man lieber auf Hintergrundmusik in Videos verzichten.

3.2 Präsentation und Darstellung der Storys

Es gibt zahlreiche Möglichkeiten, journalistische Storys für Instagram zu produzieren. Ein perfektes Format gibt es nicht und die Storys werden kontinuierlich weiterentwickelt. Der Einsatz von Presenter*innen ist sinnvoll, wenn es zum Format der Story passt. Dabei sollten Sie sie gut auswählen, sodass sie zur Zielgruppe passen. Bei der ‚Bild' waren es eine Zeit lang immer ein Mann und eine Frau, beide unter 30, die jeden Freitag gemeinsam eine Story moderierten. Laut den Erkenntnissen meiner Masterarbeit wünschen sich Nutzer*innen, dass die Presenter*innen unter 30, oder zumindest nicht über 40 Jahre alt sind. Sie sollten möglichst lässig und nicht so ernsthaft oder förmlich sein, wie es beispielsweise Moderator*innen in der Tagesschau sind. Die Presenter*innen sollten eher informell sein, eventuell sogar improvisieren und sich dem Kommunikationsstil der Plattform anpassen.

Im Vergleich zu Snapchat wünschen sich Nutzer*innen allerdings eine Ansprache, die trotz aller Authentizität erkennbar professionell und glaubwürdig ist. Das Setting soll nicht zu übertrieben, sondern schlicht und sachlich gestaltet sein. An dieser Stelle ist offensichtlich, dass Sie als Instagram-Redakteur*in auf einem schmalen Grat wandern müssen, um beiden Seiten gerecht zu werden. Es ist möglich, junge und trotzdem seriöse Presenter*innen Nachrichten überbringen zu lassen. Es wäre jedoch auch eine Möglichkeit, dass sich die verschiedenen Medienunternehmen auf jeweils eine Variante festlegen.

Presenter*innen können durch geplante Storys, vergleichbar etwa mit den Nachrichtenformaten im Fernsehen, oder durch Live-Storys führen. Letztere können chaotisch werden, da sie vor allem bei Veranstaltungen nicht bis ins letzte Detail vorbereitet werden können, sind aber authentisch, weil die Nutzer*innen direkt vor Ort mitgenommen werden.

Bei geplanten Storys haben Sie die Möglichkeit, bei jeder Story denselben Videohintergrund zu verwenden. Diese Storys würden der ‚Tagesschau' im Fernsehen ähneln. Es gäbe ein bis zwei Moderator*innen, welche immer in denselben Räumlichkeiten verschiedene Nachrichten für die Nutzer*innen aufbereiten und präsentieren. Bei den Nutzer*innen gibt es dazu verschiedene Meinungen, deshalb ist ein fester Hintergrund nicht zwingend notwendig. Ein Nutzer wünscht sich die Moderator*innen ähnlich wie beim ‚Frühstücksfernsehen' vor einem modernen und lockeren Hintergrund. Ein anderer wünscht sie sich nicht im Studio, sondern in einer ‚natürlichen' Umgebung wie auf der Straße, im Büro oder in einem Café. Es ist allerdings nur bei ausgewählten, geplanten Storys sinnvoll, überhaupt Presenter*innen einzusetzen. Beispielsweise bei Erklär- oder Community-Storys. Die verschiedenen Formate werden in einem späteren Kapitel erklärt.

Zu der Darstellung der Informationen gehen die Meinungen der Nutzer*innen ebenfalls auseinander. Viele wünschen sich die Nachricht frisch und jung aufbereitet und „nicht das Aalglatte, was man sowieso schon aus der Tagesschau kennt". Die Nachrichten sollen innovativ und kreativ präsentiert werden, wobei sie auf eine angenehm lustige und ironische Art erklärt werden sollen. Manche wünschen sich Storys so wie das 100-Sekunden-Format der Tagesschau.

Konsument*innen wünschen sich eine abwechslungsreiche visuelle Gestaltung, die die Möglichkeiten des Handybildschirms voll ausschöpft. Sie möchten die Informationen mit Grafiken und Texttafeln erklärt bekommen und manche Nutzer*innen freuen sich auch, wenn ‚GIFs' oder Animationen hinzugefügt werden, solange dadurch die Slides nicht ‚vollgestopft' werden. Außerdem soll das Nachrichtenmedium einen Wiedererkennungswert haben, wie beispielsweise die ‚Tagesschau' in blau und die Sendung ‚heute' aus dem ZDF in orange.

3.3 Umfang und Aktualität

Wenn man Instagram-Nutzer*innen fragt, wie sie sich die perfekte journalistische Instagram-Story vorstellen, wird vor allem eines genannt: Die Storys sollen kurz und prägnant sein. Sie sollen in nur wenigen Slides die wichtigsten Nachrichten vermitteln, welche wiederum alle relevanten Informationen enthalten sollen. Die Informationen sollen auf das Wesentliche reduziert werden, ähnlich wie bei einem guten journalistischen Bericht in einer Zeitung.

Konkreter gesagt sollen die Storys ein Maximum von acht Slides oder zwei Minuten Gesamtzeit nicht überschreiten. Nutzer*innen wollen die Informationen übersichtlich zusammengefasst bekommen. Sie möchten Nachrichten lesen, die sie auf einen Blick verstehen können, und nicht mit Informationen überflutet werden. Achten Sie deshalb bei Ihren Storys unbedingt darauf, Informationen in so wenigen Slides wie möglich aufzubereiten.

Zu der Themenwahl schrieben viele Nutzer*innen in der Umfrage, dass sie tagesaktuelle Themen präsentiert bekommen möchten. Hierzu lautet ein Kommentar: „Die Story sollte aktuelle Nachrichten aus einem anderen Blickwinkel betrachten, sodass diese einen andern Inhalt vermitteln als die Nachrichten im Fernsehen." Eine andere Person wünschte sich eine gute Mischung „aus aktuellen, zeitlosen, traurigen, freudigen und lustigen Nachrichten". Einige

3.3 Umfang und Aktualität

begrüßen es, wenn die Reporter*innen nah am Geschehen sind. Sie sollen die Nutzer*innen mit auf Recherche nehmen, sodass sie live dabei sein können. Dabei kann eine aktuelle Veranstaltung begleitet oder ein kurzes Live-Interview geführt werden. Ein*e Hauptstadtkorrespondent*in könnte so live aus dem Bundestag oder dem Regierungsviertel berichten. Wählen Sie bei Ihren Themen nicht nur positive Nachrichten aus, denn die meisten Nutzer*innen sind allgemein an Nachrichten interessiert und nehmen dementsprechend auch negative Nachrichten in Kauf.

Die meisten Nutzer*innen wünschen sich tagesaktuelle Themen, nur wenige sind mit zeitlosen Geschichten zu begeistern. Außerdem wünschen sich viele Nutzer*innen eine Live-Berichterstattung. Diese ist für Instagram-Redakteur*innen besonders reizvoll, da sie neue Chancen für den Journalismus bietet. Die Möglichkeiten zu Live-Übertragungen gab es zwar auch vorher schon im Fernsehen, Radio oder Internet. Auf Instagram gibt es aber nicht nur die Möglichkeit eines Livestreams, sondern auch, schnell kurze Videosequenzen oder Bilder hochzuladen. Ähnlich wie mit einem Liveblog-Tool, nur mit dem Fokus auf Bildern. Livestorys sind authentisch und müssen nicht aufwendig produziert werden. Eine Vorbereitung ist trotzdem notwendig, da Sie für die passende Infrastruktur wie beispielsweise eine starke WLAN-Verbindung, mobiles Datenvolumen, gegebenenfalls ein externes Mikrofon und die passende Kulisse sorgen müssen.

Ihre Follower möchten anschauliche und aussagekräftige Bilder sehen, die interessant, beeindruckend, übersichtlich und optisch ansprechend sind. Da Instagram bereits als Bildmedium bekannt ist, sind diese Aussagen nicht überraschend. Doch wenn Sie für eine Redaktion arbeiten und mit professionellen Fotograf*innen zusammenarbeiten können, liegt hier eine Stärke.

Manche Nutzer*innen wünschen sich Slides, welche kurz und prägnant das Interesse an einer Geschichte und deren Hintergrund wecken, welche sie dann über einen Link weiterverfolgen können. Den Nutzer*innen bieten sie durch die Verlinkung einen Mehrwert, da sie weitere Informationen erhalten können, aber nicht durch viele Slides überflutet werden. Die Konversionsrate für Links ist allerdings erfahrungsgemäß deutlich niedriger als bei aufwendigeren Storys mit mehreren Slides. Eine Ankündigungsstory ist vor allem dann sinnvoll, wenn Sie wenig Zeit haben aufwendigere Storys zu produzieren. Nutzen Sie diese Möglichkeit, Ihren Followern Informationen zu vermitteln und gleichzeitig Ihre Website bekannter zu machen.

Arbeitsalltag von Instagram-Journalist*innen

4

4.1 Technische und organisatorische Faktoren

Zunächst einmal besteht der wohl wichtigste Unterschied zwischen den Redaktionen in der Anzahl der Mitarbeiter*innen, die für Instagram angestellt sind, beziehungsweise in der Zeit, die sie in die Plattform investieren können. Hierbei wird auch ersichtlich, welche Priorität die Unternehmen der Plattform zubilligen. In den meisten Redaktionen gibt es ein Team für Social Media, das sich um alle Auftritte kümmert. Je nach Größe des Teams kann es eine oder mehrere Personen geben, die für Instagram verantwortlich sind. Besonders in Lokalredaktionen wird Facebook noch als die wichtigere Plattform angesehen. Die folgenden Informationen basieren auf Leitfadeninterviews, die für wissenschaftliche Arbeiten mit Social- Media- Redakteur*innen großer Printmedien geführt wurden.

An einem regulären Arbeitstag kann beispielsweise ein*e Redakteur*in für den gesamten Instagram-Auftritt verantwortlich sein. Das bedeutet allerdings nicht, dass die Person alle Inhalte selbst erstellen muss. Sie kann mit Fotoredakteur*innen zusammenarbeiten und dadurch aussagekräftige Bilder für die Storys erhalten und verwenden. Außerdem kann sie mit den Redakteur*innen anderer Social-Media-Plattformen und Grafiker*innen kooperieren und auch von diesen Mitarbeiter*innen Inhalte weiterverwenden. Wenn der zuständige Redakteur oder die zuständige Redakteurin allein für die Instagram-Inhalte verantwortlich ist, kann er oder sie seine Beiträge vor der Veröffentlichung von anderen Redakteur*innen gegenlesen lassen, wie es für Medienunternehmen üblich ist.

Der Zeitaufwand, der in Instagram investiert wird, unterscheidet sich stark zwischen den Redaktionen. Bei wenig Personal kann es sein, dass dem

© Der/die Herausgeber bzw. der/die Autor(en), exklusiv lizenziert durch
Springer Fachmedien Wiesbaden GmbH, ein Teil von Springer Nature 2020
S. Bettendorf, *Instagram-Journalismus für die Praxis*,
https://doi.org/10.1007/978-3-658-31484-2_4

zuständigen Redakteur oder der zuständigen Redakteurin an einem Tag nur 30 min Zeit für die Instagram-Beiträge zustehen und auch diese 30 min an einem stressigen Tag wegfallen. Gleichzeitig kann ein Mitarbeiter oder eine Mitarbeiterin in einer anderen Redaktion einen kompletten Arbeitstag ausschließlich mit Instagram verbringen. Einen großen Unterschied gibt es diesbezüglich auch in den Storys. Wird lediglich auf einen hauseigenen Artikel verlinkt, werden die zugehörigen Storys teilweise in zehn Minuten produziert. Aufwendige Reportagen hingegen können bis zu einem kompletten Arbeitstag benötigen, mindestens jedoch eine Stunde.

Eine Sonderstellung haben Live-Storys, die so lange dauern wie die Veranstaltung. Auch Redakteur*innen, die nicht in der Social-Media-Redaktion sind, können von Terminen, die sie ohnehin besuchen, Instagram-Storys mitbringen beziehungsweise direkt vom Smartphone aus veröffentlichen. Bei geplanten Storys, also dem häufiger genutzten Format, können Redakteur*innen eine höhere Qualität erreichen, wenn sie ihre Storys am Computer an Stelle des Handys produzieren. Hierfür wird aber mehr Zeit benötigt. Der Zeitaufwand für Live-Storys ist dementsprechend nicht besonders hoch, wenn reguläre Zeitungstermine auf Instagram mitverwertet werden und Mitarbeiter*innen nicht ‚nur für Instagram-Storys' auf Veranstaltungen gehen. Dabei sind Live-Storys bei den Nutzer*innen sehr beliebt, aber nicht jede Redaktion hat dafür das richtige Personal.

Abgesehen von den Storys werden auch im Feed Videos veröffentlicht, meistens jedoch Nachrichtenkacheln. Dabei wird bei vielen Instagram-Redakteur*innen Priorität auf den Feed gelegt. Im Feed sollten Bilder eine gute Qualität aufweisen und nicht zu unterschiedlich sein. Es sollte also nicht ein Bild mit Filter, eines ohne und das nächste auch noch schwarz-weiß sein. Wenn man einen professionell gemachten Instagram-Auftritt einer Redaktion betrachtet, sollte dieser auch auf den ersten Blick schon ansprechend und übersichtlich gestaltet sein.

4.2 Themenfindung

Die Entscheidung, welche Themen veröffentlicht werden, können die zuständigen Instagram-Redakteur*innen allein treffen. Allerdings ist es hilfreich, wenn Kolleg*innen aus anderen Ressorts auf die Instagram-Redaktion zugehen und ein Thema selbst anbieten oder auf ein Thema aufmerksam machen, das sie für Instagram gut nutzen könnten. Wenn ein Print- oder Onlinekollege einen ‚Instagram-tauglichen Termin' wahrnimmt, kann die Social-Media-Redaktion beispielsweise eine*n Fotograf*in mitschicken, der professionelle Bebilderung für eine Story liefert.

Manche Redakteur*innen verwenden ausschließlich die Inhalte, die auf ihrer Online-Plattform bereits zu finden sind, und nutzen diese für ihre Beiträge. Das ist oft einfacher, da die Geschichte als solche bereits existiert und sie nur noch grafisch dargestellt werden muss. Sie haben aber auch die Möglichkeit, mit starken Bildern selbst Geschichten in Instagram-Storys zu erzählen. Außerdem können sie, um sich für weitere Themen zu inspirieren, auf der eigenen Homepage und auf unterschiedlichen Social-Media-Kanälen schauen. Da sind beispielsweise die Social-Media-Kanäle der Konkurrenz interessant, aber auch die von Fußballern, Influencer*innen, Tweetdeck für den Twitter-Überblick oder andere Websites. Am besten eignen sich Themen, die Konkurrent*innen noch nicht veröffentlicht haben, oder allgemein Instagram-taugliche Themen wie Klima, Politik, Umwelt, oder Kurioses.

Darüber hinaus gibt es auch noch die neuen Formate, die sich Redakteur*innen selbst für ihre Instagram-Follower ausdenken. Ein Beispiel für ein Format ist ein Fragen- und Antworten-Format von ‚Zeit Online'. Darin haben die Nutzer*innen etwa 12–14 h Zeit, Fragen zu einem bestimmten Thema an die Redaktion zu schicken. Daraus wird in Kooperation mit dem ‚Zeit Online'-Wissensressort ein Videoformat erstellt. Die ‚Bild' hat dafür ‚Bild fragt euch' und zahlreiche internationale Medien haben andere spannende Formate geschaffen. Für diese ist durch die Planung und Konzeption ein deutlich höherer Aufwand nötig.

Im Feed veröffentlichen manche Redaktionen ausschließlich positive Nachrichten, da Instagram für manche, vor allem kleinere Accounts noch eine positive Plattform ist. Damit die sogenannten ‚harten Nachrichten', wie zum Beispiel die Tagespolitik, aber auch vorkommen, werden diese eher in den Storys veröffentlicht. Für Storys können auch keine Likes vergeben werden. Für den Feed können sich die Mitarbeiter*innen von ihrer Fotoredaktion oder Artdirektion beraten lassen. Außerdem sollten sie das Tagesgeschehen verfolgen und die wichtigsten Neuigkeiten des Tages in Nachrichtenkacheln umsetzen. Im Feed generieren häufig Bilder mehr Likes und Videos eine höhere Reichweite.

4.3 Die Produktion von Instagram-Storys

Instagram-Redakteur*innen publizieren ihre Storys häufig nachmittags oder abends gegen 18 Uhr, damit sie die Nutzer*innen nach ihrem Feierabend erreicht. Ihre Themen passen zur Plattform, interessieren junge Menschen und sind auf diese Zielgruppe zugeschnitten. Die Länge ihrer Storys beläuft sich in der Regel auf fünf bis zwölf Slides, vor allem bei tagesaktuellen Nachrichten. Dabei wechseln sie Bilder, Texte und Videos, Fakten und Emotionen ab. Frage-und-Antwort-Videos, Live-Videos oder neue Formate können auch länger sein, wenn das notwendige Bildmaterial dafür zur Verfügung steht.

Bei professionellen Storys ist für die Nutzer*innen ein roter Faden erkennbar. Die Medienunternehmen können so mit ihren Storys einen journalistischen Mehrwert bieten, den nicht-journalistische Instagram-Accounts nicht bereitstellen können. Instagram-Redakteur*innen versuchen mit ihren Storys die ästhetischen Erwartungen der Nutzer*innen zu erfüllen, einen neuen Sachverhalt zu zeigen oder durch Grafiken und Videos neu zu erzählen. Wie bei Zeitungsartikeln können sie mit einer gelungenen ersten Slide die Nutzer*innen überzeugen und ‚reincatchen'. Hierfür spielen überraschende, starke Bilder, die die Nutzer nicht erwarten, ein überraschender Text oder ein emotionales Video und dann Bilder mit Erklärungen und Verlinkungen, eine wesentliche Rolle.

Um langfristig einen guten Instagram-Auftritt bieten zu können, beobachten Mitarbeiter*innen nicht nur die Auftritte der Konkurrenz in Deutschland, wie beispielsweise die ‚Tagesschau' oder die ‚Zeit', sondern vor allem auch die Auftritte der internationalen Konkurrenz. Besonders fortschrittlich sind der ‚Guardian', ‚National Geographic', ‚Washington Post', ‚Le Monde', ‚BBC', ‚CNN', oder ‚Al Jazeera'. Außerdem testen sie neue Funktionen und machen sich Gedanken über weitere Entwicklungen. Wichtig ist für Instagram-Redakteur*innen auch ein reger Austausch mit der Zielgruppe, um herauszufinden, welche Inhalte diese sich auf der Plattform wünscht. Professionelle Social-Media-Redakteur*innen haben auch die Möglichkeit, Kontakt zu den Mitarbeiter*innen von Instagram oder Facebook aufzunehmen. Sie können technische Probleme, Weiterentwicklungen oder Veränderungen im Algorithmus besprechen.

4.4 Die Verwertung der Instagram-Inhalte

Es ist sinnvoll, Inhalte explizit für Instagram zu erstellen, da sie dann eine bessere Qualität haben und einen Mehrwert für die Nutzer*innen bieten. Deshalb müssen auch nicht alle Inhalte, die Redakteur*innen für Instagram produzieren, im Anschluss weiterverwendet werden. Um viel Aufwand zu vermeiden, gibt es trotzdem einige Möglichkeiten. Beispielsweise können die Storys von Snapchat oder Facebook für Instagram und die von Instagram für Snapchat oder Facebook verwendet werden. Dabei müssen die Redakteur*innen jedoch noch Kleinigkeiten an den Formatierungen anpassen. Beispielsweise sind auf Facebook keine

4.4 Die Verwertung der Instagram-Inhalte

Verlinkungen möglich, weshalb diese entfernt werden müssen. Außerdem können gute Bilder aus Instagram in Liveticker auf der Homepage verwendet oder in Artikel eingebaut werden.

Medienunternehmen können über Instagram Aufrufe auf ihre Website generieren. Für den Feed ist es deshalb wichtig, eine Themenseite für alle Instagram-Inhalte einer Redaktion zu erstellen. Bei Storys, in denen auf Artikel verlinkt wird, ist es ein guter Richtwert, wenn mindestens zehn Prozent der Account-Follower Ihre Story anschauen. Wenn von den Personen, die Ihre Story bis zum Ende schauen, zehn Prozent auf Ihren Link klicken, ist das ein sehr gutes Ergebnis. Beim ‚Guardian' sind dafür immerhin 60 % der Nutzer*innen, die nach Instagram-Storys auf die verlinkten Artikel klicken, neu auf der Website (Davies 2018).

In den Storys entscheiden die Nutzer*innen oft auf den ersten beiden Slides, ob sie sie vollständig ansehen oder nicht. Wenn Redakteur*innen es schaffen, ihre Konsument*innen zu Beginn ‚reinzucatchen', bleibt die Nutzerrate häufig konstant und es klicken zum Schluss auch einige Nutzer*innen auf die Verlinkung, wodurch sich der Aufwand für eine Instagram-Story auch monetär lohnt.

Zusätzlich erleichtert Instagram den Redakteur*innen den Austausch mit den Leser*innen. Sie können auf der Plattform ihre Marke bekannter machen, also die ‚brand awareness' steigern, und noch mehr Leser*innen zur Nutzung der Website animieren. Als Mittel dafür müssen die Reichweite auf Instagram und die Anzahl der Likes erhöht werden.

Account-Strategie 5

Für professionellen Instagram-Journalismus sollten Sie drei Bereiche beachten. Zum einen den allgemeinen Auftritt Ihres Medienunternehmens, das Profil, dann die Arbeit im Newsfeed und schließlich den Journalismus in den Instagram-Storys. Die wichtigsten Aspekte in diesen drei Bereichen werden in den folgenden Kapiteln zusammengefasst.

Der Account Ihres Medienunternehmens sollte zunächst mit einem passenden Profilbild – dafür reicht in den meisten Fällen Ihr Logo aus – und einer verständlichen Beschreibung in der Biografie ausgestattet werden. Platzieren Sie in der ‚Bio' einen sinnvollen Link und beschreiben Sie Ihr Unternehmen mithilfe weniger, pointierter und authentischer Schlagworte. Achten Sie bei Ihren Inhalten darauf, dass sie homogen sind und zur Leitlinie Ihres Unternehmens passen. Verwenden Sie beispielsweise Farben und Schriftarten, die auch Ihre Zeitung oder Ihren Sender prägen, um einen Wiedererkennungswert für die Kund*innen zu schaffen. Außerdem sollten Sie einen Qualitätsstandard generieren, in dem sie beispielsweise Regeln für ihre Instagram-Auftritte festlegen, sodass diese Auftritte in Folge auch von anderen Redakteur*innen betreut werden können, ohne dass sich die Nutzer*innen über eine Veränderung wundern.

Legen Sie in einer Strategie fest, welche Beiträge regelmäßig publiziert werden sollten und einen niedrigeren Zeitaufwand benötigen, und welche besonderen Beiträge zusätzlich produziert werden können. Definieren Sie dabei einen regelmäßigen Rhythmus für das Veröffentlichen Ihrer Beiträge. Produzieren Sie auch einige Beiträge ausschließlich für Instagram, anstatt ‚nur' Beiträge in Zweitverwertung zu nutzen. Die Nutzer*innen bemerkt dann den Mehrwert, den sie nur durch Instagram erhalten. Feed- und Story-Beiträge sollten von Ihnen als

© Der/die Herausgeber bzw. der/die Autor(en), exklusiv lizenziert durch
Springer Fachmedien Wiesbaden GmbH, ein Teil von Springer Nature 2020
S. Bettendorf, *Instagram-Journalismus für die Praxis*,
https://doi.org/10.1007/978-3-658-31484-2_5

gleich wichtig erachtet werden, in der Kosten-Nutzen-Rechnung sollte der Feed zuerst kommen. Ihre Videos sollten ohne Ton zu verstehen sein und es sollte auch keine Hintergrundmusik oder zusätzlicher Ton eingefügt werden. Letztlich sollten alle nachrichtlich relevanten Themen vorkommen und keine Beschränkung auf ausschließlich positive Instagram-Inhalte vorgenommen werden.

form
Der Feed: Leitfaden und Beispiele 6

Der Newsfeed ist die Startseite des Instagram-Accounts und Ihr Profil quasi die Visitenkarte. Wenn Ihr Profil nicht schon visuell auf den ersten Blick überzeugt, werden die Follower Ihrem Account nicht folgen. Im Newsfeed gilt das Prinzip der Heterogenität in der Homogenität. Beispielsweise sollten Sie gleiche Filter, gleiche Farben und Formen verwenden, um den Nutzer*innen ein einheitliches Unternehmen zu präsentieren. Sie sollten ein Design entwickeln, was zu Ihrem Unternehmen passt, mit dem Sie alle Beiträge im Feed homogen gestalten können. Positivbeispiele zu diesem Thema sind die Accounts der ‚Tagesschau', der ‚Welt' und des ‚Tagesspiegels' (Vgl. Abb. 6.1).

Gleichzeitig sollten Sie immer wieder unterschiedliche Bilder und Motive verwenden, um Abwechslung innerhalb der festen Strukturen anzubieten. Die Beiträge sollten aktuell, überraschend, außergewöhnlich oder witzig sein und darüber hinaus eine individuelle Note aufweisen und gut diskutierbar sein.

Für Ihre Follower sind Beiträge dann sinnvoll, wenn sie ihnen einen Mehrwert bieten. Das können aktuelle Themen sein, die bis zu diesem Zeitpunkt noch nicht von Ihren Konkurrenten publiziert wurden, oder aber von Ihnen selbst gestaltete Infografiken, welche komplexe Themen auf einem Bild zusammenfassen. Infografiken eignen sich perfekt für Instagram, weil sie leicht teilbar sind und gleichzeitig schwierige Zusammenhänge vereinfacht darstellen. Achten Sie aber darauf, dass die Informationen nicht falsch verstanden werden können und Sie somit keine missverständlichen Nachrichten verbreiten. Außerdem ist für die Infografiken ein deutlich höherer Zeitaufwand notwendig als für andere Feedbeiträge. Wenn Sie nicht so viel Zeit haben, setzen Sie andere Prioritäten.

Deutlich weniger Zeitaufwand benötigen Leserfotos, die noch dazu die Beziehung zu Ihren Followern verbessern können. Veröffentlichen Sie aber maximal ein Leserfoto am Tag und auch nur, wenn es einen Mehrwert für Ihre

© Der/die Herausgeber bzw. der/die Autor(en), exklusiv lizenziert durch
Springer Fachmedien Wiesbaden GmbH, ein Teil von Springer Nature 2020
S. Bettendorf, *Instagram-Journalismus für die Praxis*,
https://doi.org/10.1007/978-3-658-31484-2_6

Abb. 6.1 Instagram-Profil der Tagesschau im Juni 2020. (Quelle: Instagram-Account der Tagesschau)

Nutzer*innen bietet. Wenn Sie für eine kleinere Lokalzeitung arbeiten, kann es sinnvoll sein, jeden Tag ein Leserfoto aus der Region zu teilen. Ihre Follower können diesen Ort dann besuchen, wenn sie durch das Bild dazu inspiriert werden. Sie können einen Leseraufruf machen und einen Hashtag kreieren, unter dem ihre Follower Bilder aus der Region publizieren. Das gibt Ihnen einen guten Anlass, mit den Leser*innen zu kommunizieren und die Bilder der Follower für Ihren Account und ggf. auch Ihre gedruckte Zeitung zu nutzen. Sie bekommen dadurch Material geliefert und können Ihre Kundenbindung verbessern. Leserfotos werden deshalb vor allem von lokalen Social-Media-Journalist*innen regelmäßig verwendet. Einige von ihnen nutzen die Bilder auch für die Printproduktion ihrer Zeitungsseiten. Die regionalen Social-Media-Redakteur*innen berichten, dass diese Initiative bei den Nutzer*innen sehr gut ankommt.

Die wichtigsten Beiträge im Newsfeed sollten aktuelle Nachrichtenbeiträge sein. Publizieren Sie mindestens zwei Nachrichtenbeiträge im Feed pro Tag (Vgl. Abb. 6.2). Wenn Sie die Kapazitäten haben und Ihre Follower mehr Beiträge von Ihnen sehen möchten, erhöhen Sie die Anzahl auf zehn und Ihre Followerzahl wird schnell steigen. Ihr technischer Zeitaufwand liegt bei etwa fünf Minuten

Abb. 6.2 Feedbeitrag auf dem Account des Tagesspiegels im Juni 2020. (Quelle: Instagram-Account des Tagesspiegels)

pro Bild, wenn Sie das Thema für den Beitrag bereits wissen und ein Konzept dafür haben, wie Sie die Kacheln erstellen. Für Nachrichtenbeiträge eignen sich am besten Nachrichtenkacheln, kurze Informationen oder Zitate auf einem ansprechenden Hintergrund. Die Themen stammen meist aus der Politik, können aber alle Gesellschaftsbereiche betreffen. Formulieren Sie hierfür die Texte kurz und knapp, sodass die Nutzer*innen sie auf den ersten Blick verstehen können. Verwenden Sie bei jedem Beitrag kurze, kluge und aussagekräftige Hashtags.

Es ist schon länger möglich, kurze Videobeiträge im Newsfeed zu posten. Seit 2018 gibt es auch das Format IGTV (Instagram-TV). Durch IGTV können deutlich längere Videos im Newsfeed hochgeladen werden. Videos im IGTV sollten das Hochkant-Format 9:16 haben, aber auch andere, üblichere Formate und Querformate sind möglich. Sinnvoll ist es, vorher für jedes Video Untertitel zu ergänzen. Das ist zum Beispiel mit verschiedenen Programmen möglich, über Apps oder YouTube. Diese Videos können, anders als typische Instagram-Beiträge, vom Desktop aus publiziert werden. Es ist also nicht nötig, vom Handy aus zu veröffentlichen oder mehrere Handgriffe am Desktop zu nutzen. Außerdem kann bei IGTV ein Titelbild dazu hochgeladen werden. Videos, egal ob „normal" und deshalb unter 60 s lang im Newsfeed oder zwischen einer und 60 min lang im IGTV, sind starke Beiträge für den Account. Wenn Sie die Möglichkeit haben, mit Videoredakteur*innen zusammen zu arbeiten oder selbst Videos produzieren können, nutzen Sie das für Ihren Account. Sie können klassische Nachrichtenvideos veröffentlichen, Interviews mit Gästen oder Redakteur*innen vor der Kamera Fragen beantworten lassen. Diese Videos können Sie dann nicht nur auf IGTV ausspielen, sondern auch auf Facebook, YouTube oder Ihrer Homepage. Viele Lokalzeitungen nutzen IGTV bisher nicht, weil sie dafür keine Ressourcen haben.

Für einen professionellen Newsfeed können Sie mit 15 min zusätzlichem Zeitaufwand zwei Nachrichtenkacheln und, wenn es zu Ihrer Redaktion passt, ein Leserfoto publizieren und somit die essenziellen Tagesbeiträge abarbeiten. Darüber hinaus könnten Sie mit aufwendigen Infografiken, Videos oder deutlich mehr Nachrichtenkacheln einen noch professionelleren Newsfeed anbieten, müssten hierfür jedoch deutlich mehr Zeit investieren.

6.1 Hands- on – wie erstelle ich einen Feedbeitrag?

6.1.1 Die ersten Schritte

Wenn Sie sehr wenig Zeit und Ressourcen haben (also auch kein Bildbearbeitungsprogramm nutzen können), versuchen Sie zumindest die drei Feedbeiträge am Tag zu publizieren. Wählen Sie eine Nachricht für Ihre Region aus, die Sie vielleicht auf Ihrer Homepage schon in einem Artikel veröffentlicht haben. Zum Beispiel: „Petra Müller wurde zur neuen Bürgermeisterin gewählt." Öffnen Sie den Artikel auf Ihrem Handy und speichern Sie das Titelbild, vermutlich ein Bild von der neuen Bürgermeisterin Petra Müller, auf Ihrem Handy. Markieren Sie als nächstes den Titel und klicken Sie auf Kopieren.

Öffnen Sie Instagram auf Ihrem Handy. Klicken Sie auf das Pluszeichen in der Mitte der unteren Leiste. Wählen Sie aus der Galerie das Bild von Petra Müller aus. Klicken Sie auf oben rechts auf weiter. Wenn Sie möchten, können Sie einen Filter auswählen, aber das ist eigentlich nicht notwendig. Klicken Sie auf weiter. Sie sehen nun Ihr Bild und den Bereich „Bildunterschrift verfassen". Klicken Sie auf den Bereich und dann auf Einfügen, um den Titel einzusetzen. Klicken Sie auf „Personen markieren", wenn Sie Petra Müller markieren möchten und suchen Sie dort nach einem Instagram-Account von Petra Müller. Klicken Sie auf den Haken rechts oben, wenn Sie damit fertig sind. Wählen Sie einen passenden Ort aus.

Bevor Sie auf „Teilen" klicken, um das Bild zu veröffentlichen, müssen Sie die Bildbeschreibung ergänzen. Schreiben Sie einen eigenen Text, im Idealfall mit über 150 Zeichen (Share this 2019), über Petra Müller oder öffnen Sie nochmal den Artikel, um beispielsweise den Teaser zu kopieren und in der Beschreibung zu ergänzen. Schreiben Sie unter Ihren Text noch den Fotocredit des Fotografen oder der Fotografin, das ist bei Instagram genauso wichtig wie in der Zeitung oder bei Onlinetexten. Wählen Sie noch passende Hashtags aus, die Sie in der Bildbeschreibung jeweils hinter das Rautezeichen setzen. Wenn Sie die ersten Buchstaben eines möglichen Hashtags eingeben, werden bereits Hashtags vorgeschlagen. Wählen Sie zum Beispiel den Hashtag #Lokalpolitik aus.

Im Instagram-Feed ist die Anzahl der Hashtags auf 30 beschränkt. Das bedeutet aber nicht, dass man mit 30 Hashtags zwingend mehr Menschen erreicht als mit zehn. Viel wichtiger ist die Auswahl der Hashtags. Zu bereits vorhandenen Hashtags sollte es schon viele Beiträge geben, aber wiederum auch nicht so viele, dass der eigene Beitrag darin untergehen wird. Das ist das Problem bei sehr bekannten Hashtags (Petter 2018).

Hashtags sind die Keywords eines Beitrags. Sie sollten sinnvoll ausgewählt werden. So, dass sie nicht nur den Beitrag beschreiben, sondern auch etwas darüber hinaus gehen. Denken Sie daran, wie Sie Ihre Zielgruppe noch erweitern könnten, und wählen Sie auch dementsprechend die Hashtags aus (Tosev 2015). Schauen Sie, welche Hashtags die Konkurrenz nutzt, und verwenden Sie in den Tags auch Ortsangaben, wenn es sinnvoll ist. Verschiedene Websites wie zum Beispiel besthashtages.com vereinfachen die Suche. Für unterschiedliche Themen, die Sie häufig bespielen, können Sie sich Hashtagpakete notieren, die Sie dann bei den Postings nur noch einfügen müssen.

Klicken Sie nach der Hashtag-Auswahl auf „Teilen" oben rechts, um diesen Beitrag im Feed zu veröffentlichen. Posten Sie weitere solcher Nachrichtenbeiträge im Abstand von einigen Stunden. Wenn Sie ein Leserbild veröffentlichen möchten, entscheiden Sie sich für ein Bild und gehen ähnlich vor. Verlinken Sie den Account des Lesers oder der Leserin und erwähnen Sie ihn oder sie in der Bildbeschreibung.

6.1.2 Die nächsten Schritte

Deutlich professioneller ist es, wenn Sie mit einem Bildbearbeitungsprogramm arbeiten können. Redaktionen nutzen unterschiedliche Programme, beispielsweise Photoshop, Canva oder Adobe Sparks. Meistens entwerfen Grafiker aus dem Medienunternehmen ein Kacheldesign, welches zum Unternehmen passt und sich anhand einfacher Vorlagen von Social-Media-Mitarbeiter*innen nachbauen lässt. Diese Kacheln werden am Computer erstellt. Entscheiden Sie sich auch hier für ein Thema beziehungsweise einen bereits vorhandenen Onlineartikel Ihres Unternehmens. Speichern Sie das Titelbild des Textes auf Ihrem Computer und kopieren Sie den Titel. Erstellen Sie in Ihrem Programm eine Nachrichtenkachel, in der Sie das Titelbild als Hintergrundbild verwenden und den Titel als Text auf dem Bild. Speichern Sie die Kachel auf Ihrem Computer.

Zum Publizieren können Sie das Bild auf Ihr Handy schicken, zum Beispiel über die Kommunikationsapp Slack oder einfach per Mail, oder Sie veröffentlichen es mit einigen Handgriffen über den Computer. Die App Instagram ist so programmiert, dass Sie eigentlich nur vom Handy aus Beiträgeveröffentlichen können. Es gibt aber die Möglichkeit, dem Computer zu suggerieren er sei ein Smartphone.

Hierfür müssen Sie zunächst den Chrome-Browser öffnen (bei anderen könnte es auch möglich sein, aber es geht dort vermutlich etwas anders), die Instagram-Website aufrufen und sich einloggen. Dann klicken Sie auf F12, je nach Gerät müssen Sie zusätzlich Strg und oder Alt drücken. Auf der rechten Seite in ihrem Browser erscheint oben eine Leiste mit verschiedenen Befehlen. Der zweite Button von Links zeigt ein Handysymbol an. Wenn Sie darauf klicken, öffnet sich die mobile Ansicht. Eigentlich müssten Sie hier schon Ihre Beiträge hochladen können. Meistens ist es allerdings so, dass Ihnen unten auf dem Handy nicht direkt die Leiste angezeigt wird, über die Sie Beiträge publizieren können. Deshalb müssen Sie zunächst mehrmals zwischen Home Button und Profil oder Nachrichten hin und her klicken und auch die Seite neu laden. So lange, bis Ihnen unten der Balken mit dem Plus angezeigt wird. Über das Pluszeichen können Sie dann einen Feedpost von Ihrem Computer aus hochladen und wie mit dem Handy auch Teaser etc. bearbeiten. Veröffentlichen Sie dann so, wie im vorigen Kapitel beschrieben. Über diese Funktion können Sie auch kurze Videos im Feed oder Bildergalerien veröffentlichen. Für Storys ist dieser Hack leider nicht so praktisch.

Für Bildergalerien können Sie im Feed bis zu zehn Bilder zusammen veröffentlichen. Eine Bildergalerie macht zum Beispiel Sinn für „die 10 besten Eisdielen in Berlin" oder Infografiken, die sich nicht auf einem einzigen Bild abbilden lassen. Wichtig ist hierbei, dass sie wie auch die Videos vom Design zum restlichen Newsfeed passen. Wenn Sie die Bilder für die Bildergalerie vorbereitet haben, gehen Sie in Instagram auf das Pluszeichen unten in der Mitte und klicken dort auf „mehrere Bilder auswählen".

Wenn Sie längere Videos im IGTV hochladen möchten, können Sie das bequem über den Computer tun und müssen hierfür nicht ihrem Computer suggerieren, dass er ein Handy ist. Hierfür klicken Sie auf Ihre Profilseite und wechseln von „Beiträge" zu „IGTV". Dann klicken Sie auf den „hochladen"-Button, können Ihre Videodatei in das Feld links einfügen, rechts oben ein Titelbild ergänzen und weiter unten Titel und Beschreibung einfügen.

6.2 Beispiele

Da Sie nun wissen, wie ein Instagram-Newsfeed aussehen sollte und wie Sie die Beiträge erstellen können, möchte ich Ihnen einige Beispiele von verschiedenen Zeitungen vorstellen und erklären, warum sie gut oder weniger gut funktioniert haben.

6.2.1 Erfolgreiches Beispiel der ‚Nürnberger Nachrichten'

Im Instagram-Feed von nordbayern.de wird täglich ein Leserfoto veröffentlicht, was geliked wird, aber nicht kommentiert und deshalb kaum Followerzuwachs generiert. Die Reichweite der einzelnen Beiträge im Feed wird jedoch stark erhöht, sobald ein Nachrichtenwert gegeben ist. So wurde an einem Tag ein Leserfoto ohne Nachrichtenwert geteilt, was auch nur eine niedrige Reichweite erlangte. Am selben Tag wurde zusätzlich auch noch ein weiteres Bild veröffentlicht. Es zeigt eine Stadt in der Region mit einem Blitz. Die Nutzer*innen bekommen also nicht nur ein Bild aus der Region, sondern zusätzlich Informationen darüber, wo es bei ihnen gerade blitzt und stürmt. Dieser Beitrag konnte deutlich mehr Reichweite erzielen und ist deshalb ein erfolgreiches Beispiel für Lokaljournalismus im Feed.

6.2.2 Erfolgreiches Beispiel der ‚Bild'

Die ‚Bild' veröffentlicht täglich einige Beiträge im Feed. Die Redakteur*innen beschäftigen sich, im Unterschied zu den anderen Medien, mit Bild-typischen Boulevardthemen, die bei den Instagram-Nutzer*innen im Verhältnis nicht so gut ankommen wie die seriösen Nachrichten anderer Accounts. Das mit Abstand stärkste Bild im Feed war in einer Woche ein Symbolbild mit einer Hängematte zwischen zwei Bäumen und dem Titel ‚Wochenend-Feiertage sollen montags nachgeholt werden'. Das Bild war nicht boulevardesk und zudem noch aktuell und erreichte deshalb sehr viele Nutzer*innen.

6.2.3 Erfolgreiches Beispiel vom ‚Spiegel'

An einem Tag wurde beim ‚Spiegel' ein Bild um vier Uhr nachmittags publiziert, das einen aktuellen Vulkanausbruch auf Hawaii zeigte. Die Betrachter*innen sahen riesige Aschewolken im Hintergrund und einen Golfer im Vordergrund, der sich mit Golfen beschäftigt, als gäbe es keinen Vulkanausbruch. Das Bild war aktuell, außergewöhnlich und witzig. Außerdem wurden Hashtags verwendet. Wenige Tage später wurde das Bild auch auf den Instagram-Accounts anderer Medien veröffentlicht, erreichte aber nicht mehr so viele Nutzer*innen, da es nicht mehr neu war. Eine Stärke bei diesem Beitrag war deshalb neben der Themenwahl auch die Aktualität.

6.2.4 Erfolgreiches Beispiel der ‚Welt'

Die ‚Welt' teilte an einem Tag ein Video, das eine aktuelle Bundestagsrede vom damaligen CDU/CSU-Fraktionsvorsitzenden Volker Kauder zeigte, der AfD-Fraktionschefin Alice Weidel nach ihrer Rede kritisierte und auf das christliche Menschenbild in Deutschland aufmerksam machte. Dieses Video wurde an besagtem Tag öfter über Social Media geteilt, auf Instagram aber nur von der ‚Welt'. Das Beispiel zeigt, wie gut Videos auf Instagram funktionieren und auch, wie sehr sich Instagram-Follower für bestimmte, politische Themen interessieren.

6.2.5 Erfolgloses Beispiel der ‚Welt'

An einem Sonntag veröffentlichte die ‚Welt-Redaktion' zwei Beiträge, die beide Videos waren und nicht zu dem ‚Welt'-Content, der an den anderen Tagen im Feed veröffentlicht wurde, passten. Normalerweise stellt die ‚Welt' Nachrichtenbilder online, die den Nutzer*innen gut gefallen. Das erste Video zeigte einen Hund im Bällebad ohne nachrichtliche Information, das zweite behandelte den Weltbienentag und wie Bienen geholfen werden kann, was immerhin nachrichtlichen Wert beinhaltete. Anhand aller vorherigen und nun auch dieser Beispiele wird deutlich, wie sehr die Nutzer*innen die üblichen Beiträge der ‚Welt' in ihrem Newsfeed schätzen. Publiziert die ‚Welt' die politisch-nachrichtlichen Bilderstatements, werden diese von den Followern mit Interaktionen belohnt. Beiträge wie an diesem Tag bekommen wenig Reichweite.

6.2.6 Erfolgloses Beispiel der ‚Zeit'

An einem Samstag veröffentlichte die ‚Zeit'-Redaktion vier Beiträge im Feed. Den schlechtesten Beitrag stellt ein Landschaftsfoto eines Lesers dar, welches 11.000 Nutzer*innen erreichte. Es sieht schön aus, hat jedoch gar keinen Nachrichtenwert und auch keinen regionalen Bezug, da die ‚Zeit' kein regionales Medium ist. Leserfotos werden teilweise geliket, jedoch selten kommentiert und erzielen deshalb eine niedrigere Reichweite als gut kommentierte Beiträge. Einen Vergleich sieht man bei dem besten Foto des damaligen Tages. Es zeigte den Kuss des britischen Hochzeitspaares mit der Überschrift ‚Just married! ♡ Prinz Harry und US-Schauspielerin Meghan Markle haben geheiratet' und enthält damit aktuelle Nachrichten. Damit wurden fast doppelt so viele Nutzer*innen erreicht wie mit dem Leserfoto.

Die Story: Leitfaden und Beispiele 7

Die Story-Funktion auf Instagram bietet Ihnen die beste Möglichkeit, Qualitätsjournalismus zu betreiben. Stellen Sie Ihre Storys nach Feierabend, optimalerweise gegen 18 Uhr, online, um möglichst viele Nutzer*innen zu erreichen. So erreichen Sie zu der Zeit die meisten Nutzer*innen, und es besteht auch noch 24 h lang die Möglichkeit, dass Ihre Story später noch angesehen wird. Ist die Story besonders gut gelungen, setzen Sie sie in den Highlights fest.

Achten Sie bei den Storys darauf, dass sie kurz und prägnant, also maximal acht Slides und maximal zwei Minuten lang sind. Für Live-Storys oder spezielle Formate wie ‚Frage-und-Antwort-Videos' gelten diese Regeln nicht.

Wie bei Zeitungsartikeln oder Fernsehbeiträgen ist bei den Storys wichtig, dass sie eine Geschichte mit rotem Faden erzählen. Wechseln Sie hierfür Texte, Bilder, Videos, Fakten und emotionale Inhalte ab. Die Nutzer*innen bekommen durch den roten Faden und Ihr professionelles Erzählen einer Geschichte einen Mehrwert, den sie von Influencer*innen auf der Plattform nicht bekommen. Versuchen Sie die ästhetischen Erwartungen der Nutzer*innen erfüllen und neue Informationen mit Grafiken und Videos zu erklären. Wie bei Zeitungsartikeln muss die erste Slide die Nutzer*innen überzeugen und ‚reincatchen'. Hierfür eignen sich überraschende, starke Bilder oder Texte, oder emotionale Videos, die die Nutzer*innen nicht erwarten.

Bei einigen Themen ist ein*e Moderator*in sinnvoll, der oder die durch die Story führt. Die Moderator*innen sollten ‚lässig' und zwischen 25 und 40 Jahren alt sein. Dabei spielt es keine Rolle, ob ein Mann oder eine Frau moderiert. Die Moderator*innen sollten mindestens einmal zu Beginn direkt in die Kamera sprechen, um eine Verbindung zu den Zuschauer*innen aufzubauen. Bei Live-Storys sollten die Reporter*innen nah am Geschehen sein und den Zuschauer*innen so eine ganz besondere Perspektive bieten. Publizieren Sie

© Der/die Herausgeber bzw. der/die Autor(en), exklusiv lizenziert durch
Springer Fachmedien Wiesbaden GmbH, ein Teil von Springer Nature 2020
S. Bettendorf, *Instagram-Journalismus für die Praxis*,
https://doi.org/10.1007/978-3-658-31484-2_7

sowohl Live-Storys, wenn sich Veranstaltungen dafür eignen, als auch geplante Storys regelmäßig. Ein bestimmter Hintergrund für geplante Storys ist nicht notwendig.

Sie können für Ihre Storys bereits bestehende Artikel aus Ihrem Onlineangebot verwenden. So bleibt der Arbeitsaufwand gering und Sie können den Artikel für weitere Informationen verlinken. Dadurch werden die Konsument*innen auf Ihre Homepage geleitet und Ihr Unternehmen kann durch die Klickzahlen Umsatz generieren. Zusätzlich können gelegentlich noch Storys zu typischen ‚Instagram-Themen' wie Politik, Umwelt oder Kuriosem erstellt werden. Sie sollten generell kreativ, jung, frisch, seriös und bunt gestaltet werden.

Bei fast allen Storys ist es sinnvoll, die Standortfunktion zu verwenden. Besonders wenn Sie für eine Lokalzeitung oder einen regionalen Radiosender arbeiten, sollten Sie diese Funktion häufiger nutzen, da sie Ihren Konsument*innen einen Mehrwert bietet. Verwenden Sie außerdem regelmäßig die Interaktionsfunktion, damit sich die Nutzer*innen einbezogen fühlen und Sie dadurch die Kundenbindung stärken können. Wichtig ist es auch, Filter zu und generell Neuerungen der Funktionen zu testen und so immer wieder auf neue Trends einzugehen. Beispielsweise gibt es verschiedene Quiz- und Fragefunktionen, mit denen sich die Follower gut einbeziehen lassen. Sie können den Followern offene Fragen stellen, zum Beispiel: „Was interessiert euch zum Thema XY?" oder in geschlossenen Fragen Stimmungen abfangen oder in Quizfragen ihr Wissen testen. Diese Funktionen sind nicht nur nützlich, um die Leser*innenbindung zu stärken, sondern auch für die eigene Recherche. Essenziell ist bei Storys eine gute Ton- und Bildqualität, und auch, dass bei Videos passende Schnittsequenzen verwendet werden.

Vergessen Sie nicht, zum Schluss noch auf andere Accounts zu verlinken, die etwas mit Ihrer Story zu tun haben. Am besten eignen sich hierfür die Accounts von Influencer*innen, welche oft eine höhere Reichweite als Redaktionsaccounts haben, oder aber der Account eines Unternehmens oder eines Fußballvereins. Neben der Verlinkung können und sollten zusätzlich Hashtags verwendet werden. Es gibt die Möglichkeit, Hashtags der jeweiligen Hintergrundfarbe anzupassen und so klein zu ziehen, dass sie von den Followern nicht gesehen werden. Trotzdem können dadurch neue Follower gewonnen werden.

Gerade diese zum Schluss genannten technischen Funktionen sind für guten Instagram-Journalismus relevant, da Sie so mit wenig Aufwand Ihre Klickzahlen deutlich erhöhen können. Investieren Sie deshalb für jede Story zusätzlich fünf Minuten in technische Details. Legen Sie diese Richtlinien auch in Ihrer Social-Media-Strategie fest. Der Gesamtaufwand für Storys pro Tag ist nicht zu definieren, da es zahlreiche unterschiedliche Möglichkeiten gibt. Für die kürzeste Ankündigungs-Story werden etwa 15 min benötigt, für eine aufwendige Reportage jedoch bis zu acht Stunden.

7.1 Die gängigsten Formate

Medienunternehmen auf der ganzen Welt probieren sich in der Story-Funktion aus, seit es sie gibt. Es gibt kein richtig oder falsch und es kommen immer wieder neue Ideen von Journalist*innen oder weitere technische Möglichkeiten der Plattform hinzu. Die gängigsten Story-Formate möchte ich Ihnen vorstellen.

7.1.1 Live-Storys

Live-Storys faszinieren mich persönlich am Meisten, weil sie meiner Meinung nach den größten Mehrwert bieten. Bei diesen Storys ist ein*e Journalist*in bei einer Veranstaltung vor Ort und veröffentlicht Videos und Fotos in Echtzeit. Das Beispiel, das mir nicht mehr aus dem Kopf geht, war auf dem Instagram-Account der Tagesschau zu sehen (Vgl. Abb. 7.1). Der türkische Präsident Erdogan war zu Besuch in Deutschland und hat die Zentralmoschee in Köln eingeweiht. Es war bekannt, dass auch viele „Erdogan-Fans" da sein werden. Die Tagesschau hatte dafür einen jungen Redakteur (passend zur Plattform und zur Zielgruppe) vor Ort. Er hat selbst in die Kamera gesprochen und berichtet, ähnlich wie bei einer Live-Schalte im Fernsehen, und hat dann die Zuschauer*innen gefilmt. Er hat

Abb. 7.1 Story auf dem Account der Tagesschau 2018. (Quelle: Instagram-Account der Tagesschau)

mehrere Statements von „Fans" aufgenommen und diese in der Story hochgeladen. Entweder konnte der Redakteur selbst türkisch sprechen, oder er hatte ein*e Übersetzer*in dabei, da auch die türkischen Statements in der Story untertitelt wurden. An diesem Tag berichtete die Tageschau später auch im Fernsehen über die Veranstaltung, aber auf Instagram konnte man sie zum richtigen Zeitpunkt verfolgen. Außerdem wurden auf Instagram andere Bilder und Videoausschnitte gezeigt und man hatte das Gefühl, live dabei zu sein und authentischer informiert zu werden.

Es gibt über Instagram auch die Möglichkeit, Followern Fragen zu stellen und sie noch vor Ort zu beantworten. Live-Storys auf Instagram haben einen großen Vorteil gegenüber den Nachrichten in den klassischen Medien, weil sie aktueller und authentischer sind.

7.1.2 Experten-Storys

Bei Experten-Storys geht es meist um ein aktuelles Thema, was von einem Experten oder einer Expertin, beispielsweise einem Redakteur oder einer Redakteurin, in kurzen Videosequenzen erklärt wird. Diese Storys können im Büro produziert werden. Zwischen den Videosequenzen können zur Erklärung Bild und Textelemente eingefügt werden. Ein Beispiel für eine Experten-Story gab es beim Tagesspiegel (Vgl. Abb. 7.2). Ein Tagesspiegel-Redakteur hatte eine Reportage über ein Neonazi-Festival geschrieben. In wenigen Videoslides berichtete er über seinen Eindruck vom Festival. Diese Videoschnipsel wurden mit Bildern und Fakten über das Festival ergänzt. Im Anschluss wurde auf seinen Online-Artikel verlinkt, damit die Follower die ganze Geschichte lesen konnten.

Abb. 7.2 Story auf dem Account des Tagesspiegels 2019. (Quelle: Instagram-Account des Tagesspiegels)

7.1.3 Reportagen-Storys

In Storys gibt es auch die Möglichkeit, Reportagen oder andere lange Geschichten zu erzählen. Hierfür eignen sich bilderstarke Reportagen, die bereits auf der Website zu lesen sind (ob mit oder ohne Paywall). Der Inhalt der kompletten Reportage wird auf etwa acht Informationen heruntergebrochen und mit einem roten Faden erzählt. Die Story besteht demnach aus mehreren Bildern – wenn es Videos dazu gibt, auch aus Videos – und auf jedem Bild steht ein Satz mit zusätzlichen Informationen. Eine Slide kann beispielsweise einen Protagonisten zeigen und mit einem Zitat der Person ergänzt werden. Am Ende der Story wird auf den Online-Artikel verlinkt, sodass die Follower auch hier den kompletten Artikel nachlesen können. Sehr gut macht das das Instagram-Team der Zeit. Unter den Highlights gibt es auf dem Zeit-Account verschiedene Reportagen-Storys zu sehen. Unter anderem eine Story über einen jungen Mann, der betrunken von einer Brücke gesprungen ist und seitdem im Rollstuhl sitzt. Diese Reportagen-Story zeigt auch das große Problem an dem eigentlich so schönen Format. Bei vielen Geschichten gibt es nicht genug Bildmaterial, um sie auszuerzählen. Bei dieser Geschichte hatten die Redakteur*innen anscheinend nur ein Bild von dem Protagonisten zur Verfügung, weshalb sie es mehrmals verwendeten. Abgesehen von Reportagen kann man in diesem Format aber auch andere Geschichten erzählen und auch längere Interviews aufbereiten.

7.1.4 Ankündigungs-Storys

Das nächste Format nenne ich „Ankündigungs-Storys", weil in diesem Format hauptsächlich Werbung für vorhandene Artikel gemacht wird. Diese Art von Storys benötigt wenig Zeit, in etwa 15 min, und ist trotzdem effektiv. Sie lohnt sich deshalb vor allem für Social-Media-Redaktionen, die wenig Ressourcen für Instagram zur Verfügung haben. Es werden hierfür beispielsweise fünf aktuelle Online-Artikel ausgewählt, deren Thema für die Instagram-Zielgruppe interessant ist. Von jedem Artikel wird das Titelbild als Slide-Hintergrund verwendet, der Titel und gegebenenfalls der Teaser des Textes werden auf die Slide geschrieben und der Artikel wird verlinkt. Jeder Artikel wird also auf einer Slide präsentiert und die Follower, die sich für das Thema interessieren, können den Text dann auf der Homepage lesen. Einige Medien nutzen dieses Format für einen Wochenrückblick, den sie beispielsweise jeden Freitag veröffentlichen und mit Überschriften wie „Texte, die Sie diese Woche gelesen haben müssen" betiteln (Vgl. Abb. 7.3).

Abb. 7.3 Story auf dem Account der Zeit 2020. (Quelle: Instagram-Account der Zeit)

7.1.5 Community-Storys

Bei dem letzten Format geht es weniger um klassischen Journalismus, sondern mehr um den Kontakt zur Community und um das Feedback der Follower. Ein großer Vorteil, den wir Journalist*innen von Social Media haben, ist, dass wir ganz leicht und niedrigschwellig mit unseren Leser*innen kommunizieren und interagieren können. In den Storys möchten Follower von uns Journalist*innen gerne erfahren wie wir arbeiten, wer wir sind, wie unsere Redaktionen und wie unsere Druckereien aussehen. Wir können Transparenz schaffen, die für den Journalismus so wichtig ist, und Leser*innen über unsere Arbeit aufklären. Sie können beispielsweise in kurzen Videosequenzen einen Rundgang durch ihre Redaktion oder ihre Druckerei zeigen. Oder Sie lassen verschiedene Redakteur*innen vor der Kamera erklären, wie ihr Arbeitsalltag aussieht.

Ein gutes Beispiel hierfür ist eine Instagram-Story des ZDF. Ein Mann mit Migrationshintergrund hatte 2019 ein Kind vor einen Zug in Frankfurt gestoßen, das Kind starb. Die Medien berichteten darüber. Manche nannten die Herkunft des Täters, andere nicht. Das ZDF entschied sich, die Herkunft zu nennen und unter anderem eine Instagram-Story zu machen, um zu erklären warum (Vgl. Abb. 7.4). Ich halte die Story für gelungen, da sie zum richtigen Zeitpunkt veröffentlicht wurde und eine Frage beantwortet hat, die sich viele Follower in dem Moment stellten. Warum hat die Redaktion in dieser Situation so gehandelt? Die Story schafft Transparenz und Vertrauen.

7.2 Hands- on – Wie baue ich eine Instagram-Story?

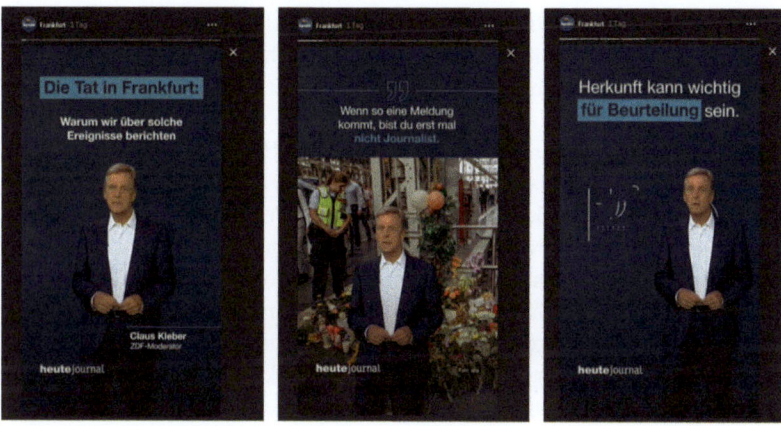

Abb. 7.4 Story auf dem Account zdfheute 2019. (Quelle: Instagram-Account zdfheute)

7.1.6 Weitere Möglichkeiten

Die Storys, die hier beschrieben wurden, sind „Basics". Sie werden schon von vielen Redaktionen umgesetzt. Instagram bietet aber noch viel mehr Möglichkeiten. Jeder Redakteur und jede Redakteurin kann sich eigene Formate überlegen und kreativ umsetzen. Es gibt besonders in den Storys zahlreiche Möglichkeiten, um mit den Followern zu interagieren. Einige weitere kreative Formate werde ich deshalb noch in diesem Kapitel vorstellen. Zunächst einmal möchte ich aber erklären, wie Sie eine Story selbst bauen können.

7.2 Hands- on – Wie baue ich eine Instagram-Story?

7.2.1 Die ersten Schritte

Die Instagram-App unterscheidet sich je nach Smartphone und App-Version. Die Erklärungen wurden in Bezug auf ein Samsung Galaxy S6 geschrieben, bei anderen Handys können einzelne Punkte abweichen. Laden Sie immer die aktuellste Version der Instagram-App runter, um möglichst viele Funktionen nutzen zu können und möglichst wenig technische Probleme zu haben. Je neuer das Handy und die Instagram-Version, desto besser funktioniert die App.

Wenn Sie wenig Ressourcen haben und bisher noch keine Story gebaut haben, fangen Sie mit einer Ankündigungs-Story an. Wählen Sie fünf verschiedene Texte aus Ihrem Online-Angebot aus, die Sie in dieser Story verwenden möchten. Öffnen Sie alle fünf Texte auf Ihrem Handy im Internetbrowser und speichern Sie alle fünf Titelbilder. Öffnen Sie Instagram auf Ihrem Handy und gehen Sie auf die Startseite (unten links muss das Haussymbol schwarz markiert sein). Wischen Sie auf dem Bildschirm mit dem Finger nach rechts. Wenn Ihnen jetzt die privaten Nachrichten angezeigt werden, haben Sie in die falsche Richtung gewischt. Wenn Sie von links nach rechts wischen, öffnet sich automatisch die Kamera. Hier könnten Sie spontan ein Bild für die Story aufnehmen, aber das brauchen Sie für dieses Format nicht. Klicken Sie auf das Bild unten links. Es werden Ihnen jetzt Ihre Handybilder angezeigt. Auf dem Pfeil oben links können Sie verschiedene Speicherorte auf Ihrem Handy öffnen und dementsprechend Ihre Bilder anzeigen lassen. Wenn Sie Ihre Bilder gefunden haben, klicken Sie auf das Symbol oben rechts. Wenn das Symbol blau hinterlegt ist, können Sie mehrere Bilder auswählen. Wählen Sie nun Ihre fünf Bilder in der Reihenfolge aus, in der Sie sie in der Story zeigen möchten. Wenn Sie auf weiter (unten rechts) klicken, können Sie die Reihenfolge der Bilder nicht mehr ändern.

Nachdem Sie auf weiter geklickt haben, können Sie jedes Bild einzeln bearbeiten. Öffnen Sie in Ihrem Internetbrowser den Artikel zum ersten Bild und kopieren Sie den Titel. Gehen Sie zu dem Bild in der Story (jedes Bild ist eine Slide), und klicken Sie oben rechts auf das Symbol „Aa". Sie können hier den Titel Ihres Artikels selbst reinschreiben oder auf den Bereich klicken und den kopierten Text einfügen. Sie können durch das Bewegen des Punktes auf der linken Seite die Größe des Textes verändern und wenn Sie in der Farbpalette unten auf eine Farbe klicken, können Sie auch die Schriftfarbe verändern. Wählen Sie eine Schriftfarbe die zu Ihrem Unternehmen passt und nutzen Sie wenn möglich in jeder Story dieselbe Farbe. Mit dem Symbol oben links, das mehrere Linien untereinander zeigt, können Sie den Text zentrieren, links oder rechtsbündig einstellen. Mit dem eingerahmten „A" nebendran können Sie einen Hintergrund für den Text einstellen. Noch weiter rechts steht ein Schriftzug, mit dem Sie den Schrifttyp verändern können. Wählen Sie zwischen klassisch, modern, Neon, Schreibmaschine, oder Fett aus. Wenn Sie den Text wie gewünscht angepasst haben, klicken Sie oben rechts auf fertig. Sie können den Text auf dem Bild jetzt an die gewünschte Stelle ziehen. Den Titel beispielsweise über das Bild, sodass er gut zu sehen ist.

Schreiben Sie zusätzlich auf jedes Bild mit der Textfunktion den Fotocredit, und platzieren Sie ihn sichtbar, aber trotzdem so, dass er nicht stört, auf dem Bild.

Sie können, wenn Sie möchten, noch einen zweiten Text erstellen, beispielsweise mit dem Teaser des Artikels, und den Text unter das Bild ziehen. Wenn Sie einen Account mit blauem Haken haben, können Sie an dieser Stelle einen Artikel verlinken. Dann macht es Sinn, im zweiten Text unten etwas zu schreiben wie „hochwischen für den ganzen Text".

Wenn Sie einen Text verlinken möchten, kopieren Sie die URL des Artikels aus dem Internetbrowser und klicken auf der Instagramslide oben auf das Link-Symbol, bei Samsung-Handys das dritte Symbol von links. Dort können Sie den Link einfügen und über die Vorschaufunktion nachschauen, ob der richtige Text angezeigt wird. Sie können auch einen Link zu einem IGTV-Video setzen. Sie haben auch noch zahlreiche weitere Möglichkeiten, wie beispielsweise Umfragen oder Ähnliches einzufügen, aber für eine einfache Story reichen Bild, Beschriftung und wenn möglich der Link zum Text.

Wenn Sie diese Slide fertig bearbeitet haben, klicken Sie unten auf die nächste Slide und bearbeiten diese genauso. Leider ist es etwas mühsam, das alles auf dem Handy zu erstellen, und es gibt auch keine Möglichkeit, eine Story zwischenzuspeichern um später weiterzuarbeiten. Wenn Sie alle Slides bearbeitet haben, klicken Sie auf „weiter" unten rechts. An erster Stelle finden Sie die Option „Teilen" und dann „in deiner Story". Klicken Sie auf Teilen. Ihre Story ist jetzt online. Sie finden Sie oben links mit Klick auf Ihr Profilbild. Wenn Ihnen die Story gut gelungen ist, können Sie sie als Highlight speichern. Hierfür klicken Sie bei der ersten Slide auf Highlight unten rechts und wählen dann einen Titel für das neue Highlight aus. Klicken Sie auf alle weiteren Slides und fügen Sie diesem Highlight hinzu. Die Highlights sind ab jetzt so lange auf Ihrem Profil zu finden, bis Sie sie entfernen.

7.2.2 Weitere Schritte

Wenn für Ihr Unternehmen ein einheitliches Design wichtig ist, haben Sie die Möglichkeit, die einzelnen Storyslides (wie im Kapitel zuvor die Kacheln im Feed) mit Text in einem anderem Programm zu bearbeiten und genau die Farbe und Schriftart zu nutzen, die Sie auch in Ihrer Zeitung verwenden. So können Sie alles am Computer vorbereiten und müssen die einzelnen Slides dann nur noch vom Handy aus veröffentlichen und ggf. Interaktionsfunktionen ergänzen. Verwenden Sie am besten Bilder und Videos im Hochkant-Format. Mit dem bereits genannten Hack, mit dem man einem Computer suggerieren kann, er sei ein Smartphone, lassen sich auch Storys vom Desktop hochladen. Allerdings ist es komfortabler, es über das Handy zu machen.

Wenn Sie keine Ankündigungs-Story, sondern ein komplizierteres Format veröffentlichen möchten, ist es sinnvoll, vorher ein Skript zu erstellen. Überlegen Sie sich hierfür, welches Format Sie nutzen möchten und welche Informationen Sie veröffentlichen möchten. Schreiben Sie sich im nächsten Schritt auf, welche maximal acht Informationen in der Story vorkommen sollen. Sortieren Sie die Informationen in der richtigen Reihenfolge und notieren Sie, welcher Text auf welcher Storyslide stehen soll.

Beispiel: Bürgermeisterin Petra Müller wird gewählt. Ihre erste Slide wäre ein Bild von Petra Müller mit dem Titel, dass sie nun gewählt wurde. Auf die nächsten beiden Slides schreiben Sie Informationen über Petra Müller. Zum Abschluss lassen Sie Ihre*n Politikredakteur*in vor der Kamera erzählen, wie Petra Müller es geschafft hat, sich gegen die anderen Kandidat*innen durchzusetzen. Auf einer letzten Slide können Sie dann noch eine Frage an die Follower stellen und oder auf einen Artikel über Frau Müller verlinken.

Ihr Skript könnte in diesem Fall so aussehen:

Slide 1. Text: Petra Müller ist neue Bürgermeisterin. Foto: Von Petra Müller, Fotocredit XY.

Slide 2. Text: Müller ist seit 12 Jahren in der Lokalpolitik, sie hatte schon Amt X und Amt Y. Foto: Petra Müller bei einer Rede, Fotocredit: XY.

Slide 3. Text: Petra Müller engagiert sich besonders für X und Y, ihr Hobby ist X. Foto: Petra Müller bei ihrem Lieblingshobby, Fotocredit: XY.

Slide 4. Text: Untertitel zum Statement von Politikredakteur Paul. Video: Die erste Hälfte des Statements von Paul.

Slide 5. Text: Untertitel zum Statement von Politikredakteur Paul. Video: Die zweite Hälfte des Statements von Paul.

Slide 6. Text: Hochwischen für alle wichtigen Infos zu Petra Müller. Foto: Titelbild vom verlinkten Artikel, Fotocredit: XY. Wichtig: Artikel verlinken und Umfrage einbetten: „Wie findet ihr es, dass Petra Müller gewählt wurde?".

Suchen Sie alle Bilder und Texte für die Story raus, bevor Sie mit dem Erstellen beginnen. Wenn Sie das Video von Politikredakteur Paul aufnehmen, bitten Sie ihn sich vorher ein Statement von maximal 30 s zu überlegen. Nutzen Sie für die Videoaufnahme einen Raum, in dem es nicht laut ist und in dem es nicht hallt. Außerdem sollten die Lichtverhältnisse gut sein. Wenn Sie ein Lavaliermikrofon haben, sollte der Politikredakteur das Mikrofon so befestigen, dass es kaum zu sehen ist. Sie brauchen ein relativ langes Kabel zum Mikrofon, damit Sie es ins Handy einstecken können und es nicht im Video zu sehen ist. Nehmen Sie das Video für die Story hochkant auf.

Wenn Sie alle Materialien für die Story gesammelt haben, erstellen Sie die Story wie bei „die ersten Schritte" beschrieben auf dem Handy. Achten Sie darauf, Bilder und Videos direkt in der richtigen Reihenfolge anzugeben, da Sie die Reihenfolge später nicht mehr bearbeiten können. Wenn das Video länger als 15 s ist, wird Instagram vermutlich direkt mehrere Slides daraus machen, die Sie dann individuell bearbeiten können. Bei manchen Redakteur*innen funktioniert das nicht. Es kann daran liegen, dass das Handy alt ist oder die Version von Instagram nicht die aktuellste ist. In diesem Fall müssen Sie das Video vorher selbst schneiden, sodass die einzelnen Sequenzen maximal 15 Sekunden lang sind.

In den Storys gibt es viele verschiedene Funktionen, Instagram selbst fügt auch regelmäßig neue hinzu. Es lohnt sich, immer wieder auszuprobieren welche Funktionen nützlich sein könnten und den Followern gefallen. Viel verwendet werden die Funktionen unter dem Sticker Symbol (bei Samsung Handys das dritte von oben rechts). Hier lässt sich der Standort angeben, Hashtags, Musik, Verlinkungen. Außerdem kann man dort Umfragen, offene Fragen oder Quizfragen an die Nutzer*innen stellen. Die Elemente sind intuitiv bedienbar.

7.3 Beispiele

7.3.1 Erfolgreiches Beispiel der ‚Zeit'

An einem Tag, an dem der muslimische Fastenmonat Ramadan begann, ging zum Feierabend eine Story der ‚Zeit' zum Thema Ramadan online. Es ist eine Aufklärungsstory, in der mit starken Bildern erklärt wird, was genau der Ramadan ist und wie er gestaltet wird. Die Story ist neutral und informierend gehalten. Einige Informationen könnten den Nutzer*innen schon bekannt sein, aber über diese Slides lässt sich schnell hinwegblättern. Die Story ist mit zwei Minuten und zwölf Slides sehr lang. Zum Schluss gibt es eine Verlinkung zu einem Themenarchiv zum Thema Ramadan bei ‚Zeit Online'. Durch diese Verlinkung haben die Leser*innen, die über Instagram zunächst allgemein über das Thema informiert wurden, eine große Auswahl an Texten, die sie zur weiterführenden Erläuterung lesen könnte. Das ist förderlich, um die Instagram-Nutzer*innen auch zum Lesen der Website zu verleiten. Die Story ist aktuell und informierend und deshalb gut gemacht.

Trotzdem hätte vor allem die Hashtag-Funktion, gegebenenfalls auch die Interaktionsfunktion oder die Verlinkungsfunktion genutzt werden können. So hätte die Reichweite erhöht werden können. Der Zeitpunkt der Veröffentlichung ist pünktlich zum Feierabend und Beginn des Ramadans zum Sonnenuntergang sinnvoll gewählt. So erreicht die Story die Nutzer*innen in der Hochzeit am Abend und ist auch noch am nächsten Tag länger abrufbar.

7.3.2 Erfolgloses Beispiel der ‚Nürnberger Nachrichten'

Die Storys von nordbayern.de bestehen meistens aus wenigen, aber starken Bildern von aktuellen Veranstaltungen und passenden Überschriften und Links zu Artikeln. Für einen geringen Zeitaufwand sind sie gut gemacht und die ausgewählten Themen sind aktuell und passen sehr gut zu Instagram und zu den Followern des Accounts. Außerdem wird in den Storys meistens auf Artikel, Liveticker oder Bildergalerien der Homepage verlinkt und dadurch Werbung für den Online-Auftritt gemacht. Allerdings sind auch diese Storys mit wenig Aufwand leicht zu verbessern.

Zunächst einmal werden nur die elementarsten Funktionen, also lediglich Bilder und Überschriften verwendet. Allein schon eine höhere Anzahl von Videos könnte den Auftritt verbessern. Außerdem ist zumindest die Standortfunktion für einen Lokalaccount essenziell. Dieser stört den Nutzer*innen nicht, sondern informiert ihn und kann darüber hinaus die Reichweite erhöhen, da auch Nicht-Follower so den Account entdecken könnten.

Fast genauso wichtig ist die Verlinkung auf andere Accounts. In einer Story beispielsweise geht es um die Aufstiegsfeier des Nürnberger Fußballclubs – ein ideales Instagram-Thema, welches auch gut aufgegriffen wurde. Es fehlen aber Verlinkungen auf den Club, die Nürnberger Versicherung oder den Veranstaltungsort Nürnberger Burg. Besonders durch Verlinkungen auf regionale Persönlichkeiten oder Organisationen können schnell Reichweiten erhöht werden. Zum Schluss wäre die Interaktionsfunktion sinnvoll gewesen.

7.3.3 Erfolgloses Beispiel der ‚Bild'

Die ‚Bild' publizierte eine Zeit lang häufig Storys über prominente Gäste in der Redaktion. An einem Tag war DSDS-Sieger Pietro Lombardi (von der TV-Castingshow ‚Deutschland sucht den Superstar') zu Gast bei der ‚Bild'-Redaktion. Eine Story über ihn und ähnliche Kandidat*innen passt gut zum Instagram-Account der ‚Bild', da es sich um aktuelle, junge Boulevardthemen handelt. Leider war der Story anzumerken, dass Lombardi nicht nur für Instagram vor Ort war, sondern eigentlich aus einem anderen Grund. In der Instagram-Story wurde sein Interview nur zusätzlich mitgefilmt, die Videoslides sind deshalb teilweise verwackelt und abgehakt, außerdem schaut der Prominente nicht direkt in die Kamera.

Für die Nutzer*innen wäre es ansprechender gewesen, hätte er nicht nur zum Ende der Story, sondern auch zu Beginn persönlich in die Instagram-Kamera zu ihnen gesprochen. Außerdem hätten bessere Videoschnitte aus dem Interview verwendet werden können, sodass einzelne Aussagen nicht abgehakt worden wären. Abgesehen von diesem Kritikpunkt ist die Story sehr stark. Die Redakteur*innen nutzen die Standortfunktion und verlinken vor allem auf die Accounts von Sarah und Pietro Lombardi. Beide sind bekannte Influencer*innen mit einer hohen Reichweite, weshalb eine Verlinkung auch die Reichweite des ‚Bild'-Accounts erhöhen kann. Weiterhin werden mehrere Hashtags verwendet, was ebenfalls Erfolg verspricht.

7.4 Innovative Story-Formate

Die meisten Journalist*innen nutzen die gängigen Story-Formate, die ich bereits aufgeschrieben habe. Es gibt aber auch zahlreiche andere Möglichkeiten. Einige gute Beispiele möchte ich in diesem Kapitel aufzählen.

7.4.1 Die ‚Bild'

Jeden Freitag gab es mit ‚Bild fragt euch' ein eigenes, wöchentliches Format als Instagram-Story. Zwei junge Moderator*innen sprachen die Nutzer*innen direkt an, berichteten von aktuellen Boulevard-Themen und stellten ihnen zu jeder Information eine Frage. Sie verlinkten auf die Accounts der Moderator*innen und auf Artikel zu dem Thema. Außerdem wurde die Abstimmungsfunktion genutzt.

7.4.2 Der ‚Spiegel'

Die ‚Spiegel'-Redaktion hatte für eine Story die Gebärdensprachendolmetscherin des ‚Eurovision-Song-Contests', der kurz zuvor stattgefunden hatte, zu Gast. Sie gab, im Unterschied zu dem Besuch von Pietro Lombardi bei der ‚Bild', extra für die Instagram-Nutzer*innen ein Interview und erzählt ihnen von ihrem Beruf. Für die Nutzer*innen war offensichtlich, dass das Interview nur für Instagram geführt wurde. Die Ton- und Bildqualität war besser. In der Story ließen die Redakteur*innen die Dolmetscherin in Gebärdensprache sprechen und untertitelten ihre Aussagen in den Bildunterschriften. Die Texte waren allerdings sehr lang, wodurch Nutzer*innen etwas abgelenkt wurden.

Ein Höhepunkt der Story war die Abstimmung am Ende, bei welcher die Instagram-Nutzer*innen interaktiv mit raten konnten, welches Lied sie gerade gedolmetscht hatte. Die Story wurde sehr gut gemacht, von den Redakteur*innen gut vorbereitet und das Thema für Instagram ansprechend aufbereitet. Gefehlt haben trotz allem noch Verlinkungen wie beispielsweise auf den Account von ‚Lena', deren Lied gedolmetscht wurde. Zusätzlich hätten einige Hashtags verwendet werden können, um die Reichweite zu erhöhen. Außerdem wäre ein guter Einstieg gewesen, wenn die Zuschauer*innen auch zu Beginn ein Lied hätten erraten können.

7.4.3 Der ‚Guardian'

Auf dem sehr erfolgreichen Instagram-Account des ‚Guardians' gibt es ein regelmäßiges Format mit dem Titel: „Fake or real?" (Vgl. Abb. 7.5). Dieses Format wird immer von der gleichen jungen Frau moderiert. Zu Beginn der

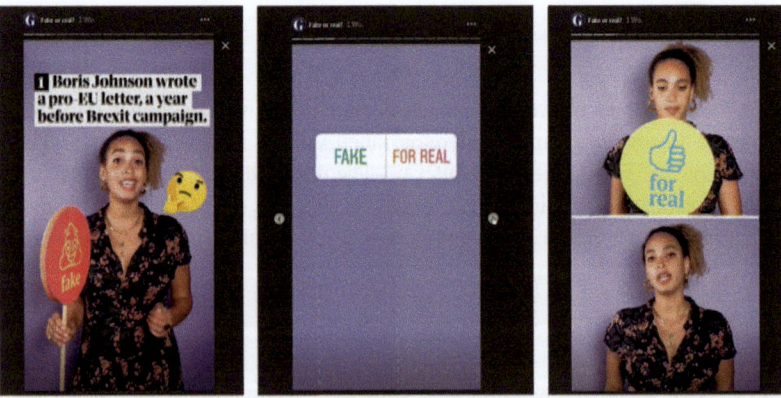

Abb. 7.5 Story auf dem Account des Guardian 2018. (Quelle: Instagram-Account des Guardian)

7.4 Innovative Story-Formate

Story präsentiert die Moderatorin jeweils einen möglichen Fakt und fragt dann die Nutzer*innen: „Stimmt das, oder nicht?". Die Nutzer*innen können über die Abstimmungsfunktion mitraten. Die Moderatorin dreht darauf ihr Richtig – Falsch Plakat dann entweder zu richtig oder zu falsch und erklärt die Hintergründe zu dem Thema. Ein Beispiel begann mit der Aussage: „Boris Johnson schrieb ein Jahr vor seiner Brexit-Kampagne einen Pro-EU-Brief. Stimmt das, oder nicht?" Am Ende der Story erklärte sie, dass das stimmt und warum. Das Format gibt es auf dem Account schon sehr lange, vermutlich kommt es bei den Followern gut an. Durch die Kontinuität wissen sie auch, was sie auf diesem Account erwarten und können sich schon auf den Tag freuen, bei dem sie wieder in der Story mitraten können.

7.4.4 ‚Al Jazeera'

‚Al Jazeera' hat vor den Wahlen zum Europäischen Parlament 2019 die Quizfunktion genutzt, um Nutzer*innen über die Wahlen zu informieren (Vgl. Abb. 7.6). Hierfür hat der zuständige Redakteur mit der Quizfunktion jeweils eine Frage mit mehreren Antwortmöglichkeiten gestellt. Die Nutzer*innen konnten eine Möglichkeit anklicken, bei der richtigen Antwort hat sich das Feld grün gefärbt, bei der falschen Antwort rot. Diese Funktion ist für alle Instagram-Nutzer*innen

  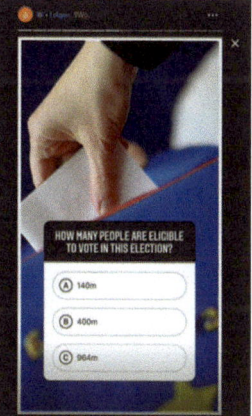

Abb. 7.6 Story auf dem Account von Al Jazeera 2019. (Quelle: Instagram-Account von Al Jazeera)

zugänglich. Al Jazeera hat es aber nicht bei dem Anklicken belassen, sondern hat nach jeder Frage die Antwort von einer Moderatorin erklären lassen.

7.4.5 ‚Neue Zürcher Zeitung'

Die NZZ hat in einem Beispiel ebenfalls die Quizfunktion genutzt (Vgl. Abb. 7.7), allerdings mit weniger Aufwand. Dort wurde bei jeder Frage dasselbe Hintergrundbild verwendet, außerdem gab es keine Erklärungen eines Moderators oder einer Moderatorin. Die Story wurde zum Nationalfeiertag online gestellt und in den Quizfragen wurden Fragen zur Schweiz gestellt. Auch, wenn Erklärungen dazu schön gewesen wären, ist diese Story mit wenig Aufwand gestaltet worden und trotzdem gut gelungen.

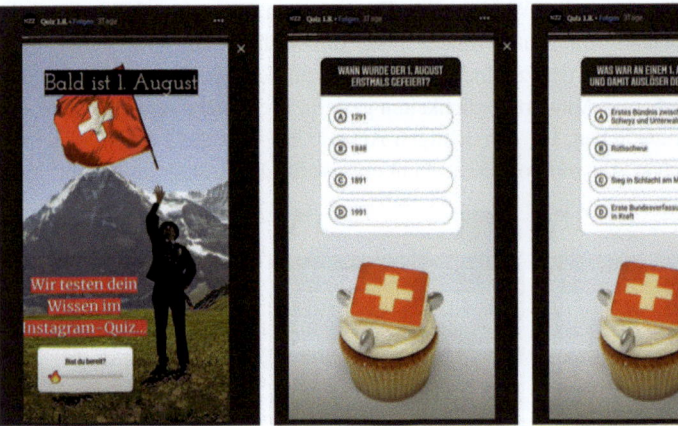

Abb. 7.7 Story auf dem Account der Neuen Zürcher Zeitung 2019. (Quelle: Instagram-Account der Neuen Zürcher Zeitung)

Innovative Instagram-Accounts 8

Von den öffentlich-rechtlichen Sendern in Deutschland gibt beziehungsweise gab es drei einzigartige Instagram-Accounts. Die Formate News WG, Jäger und Sammler und Mädelsabende sind drei Angebote des öffentlich-rechtlichen Rundfunks, die Instagram als Hauptplattform haben. Das Ziel der Accountgründer*innen ist das Erreichen junger Menschen mit journalistischen Formaten. Diese drei Accounts unterscheiden sich sehr stark von den anderen öffentlich-rechtlichen Instagram-Accounts wie beispielsweise der Tagesschau oder von zdfheute. Alle drei Formate haben das Ziel, zu informieren, versuchen aber trotzdem sehr nah an der Zielgruppe zu sein. Während der Instagram-Account der Tagesschau die Inhalte der Tagesschau lediglich auf eine neue Plattform transferiert und anpasst, sind diese drei Formate völlig neu und explizit für Instagram erstellt.

Die Presenter*innen der neuen Formate wirken wie eine Kombination aus Influencer*innen und Journalist*innen. Sie versuchen, journalistisch zu arbeiten und gleichzeitig persönliches zu erzählen. Die Follower werden geduzt und die Presenter*innen versuchen, eine starke Community aufzubauen und die Follower regelmäßig mit einzubeziehen.

Dadurch, dass alle drei durch Rundfunkgebühren finanziert werden, haben die Redakteur*innen und Presenter*innen nicht den Druck, ihre Follower auf die Website zu bringen oder sich über andere Wege zu finanzieren. Sie sind deshalb freier in ihrer Arbeit, Journalismus direkt auf der Plattform zu machen. Dadurch, dass sie zu öffentlich-rechtlichen Sendern gehören, ist es für sie einfacher, professionelle Videos zu produzieren, als für kleine Lokalzeitungen.

Zwei dieser drei Formate sind beziehungsweise waren Teil von Funk, dem jungen Angebot von ARD und ZDF. Dieses Angebot gibt es bereits seit 2016, inzwischen existieren über 70 unterschiedliche Formate auf verschiedenen

© Der/die Herausgeber bzw. der/die Autor(en), exklusiv lizenziert durch
Springer Fachmedien Wiesbaden GmbH, ein Teil von Springer Nature 2020
S. Bettendorf, *Instagram-Journalismus für die Praxis*,
https://doi.org/10.1007/978-3-658-31484-2_8

Plattformen wie YouTube, Tik Tok und Instagram. Die Angebote sollen informieren, orientieren und unterhalten. Zielgruppe sind Nutzer*innen zwischen 14 und 29 Jahren. In den Richtlinien von ARD und ZDF für Funk steht in der Präambel: „Angesichts der Nutzungsgewohnheiten der Zielgruppe erfolgt neben der Verbreitung des Jungen Angebots über eine zentrale Webpräsenz und über eine eigene App die Verteilung und zugleich Vernetzung unterschiedlicher Inhalte auf relevanten Drittplattformen." (Funk Richtlinien 2020).

8.1 Mädelsabende

Seit Oktober 2017 gibt es das vom WDR produzierte Instagram-Format Mädelsabende. Verantwortliche Redakteurin ist Verena Lammert, die dieses Format gegründet hat. Mädelsabende gehören seit September 2019 zu Funk. Das Team möchte mit Mädelsabende junge Menschen und ganz besonders junge Frauen erreichen. Auf der Homepage steht, ihr Ansporn sei es: „Feministische Themen und Gedanken für junge Frauen greifbar (zu) machen". Dabei versucht die Redaktion zu informieren und gleichzeitig nahbar für die Follower zu sein, in dem die Presenter*innen auch persönliche Dinge erzählen und sich wie Freund*innen der Follower präsentieren.

Auf dem Account werden täglich Inhalte veröffentlicht. Dabei werden Themen in Themenwochen eingeteilt. Jede Woche stellt eine Presenterin oder ein Presenter ein Thema vor und beleuchtet unterschiedliche Aspekte. Die Presenter*innen sind demnach sieben Tage in ihrer Woche auf dem Account zu sehen. Auf der Website heißt es dazu, „Mädelsabende" biete alle wichtigen Themen, die Mädchen und junge Frauen interessieren: „Sexualität, Zukunft, Ausbildung, Beruf, Familie, Beziehungen, Lebensentwürfe, Freundschaft, Gesundheit und Selfcare. Tipps zur ersten große Liebe und Rat zum Themenkomplex Ausbildung/Jobsuche. Persönlich und witzig aufbereitet, aber immer mit dem Anspruch, jungen Mädchen Vorbilder aufzuzeigen und Wege aus Pubertäts-/Lebenskrisen zu finden." (Funk Mädelsabende 2020).

Dabei gibt es täglich eine Story und einen Feedpost. Sowohl im Feed als auch in der Story gibt es feste Darstellungsformate. Im Feed gibt es beispielsweise regelmäßig Zitatkacheln. Der Feed unterscheidet sich von klassischen Medienunternehmen, da er eher an den Account der besten Freundin erinnern soll, als an klassische Medien. Der Feed ist nicht durchstrukturiert, es werden unterschiedliche Bilder gepostet und viele helle Farben verwendet.

8.1 Mädelsabende

Die täglichen Storys bestehen aus 20 bis 35 Slides und sind dadurch viel länger als übliche Instagram-Storys. Bevor die Presenter*innen die Slides aufnehmen, wird, wie beim klassischen Fernsehen auch, jede Story gescripted und von der Redaktion abgenommen. Für das Mädelsabende-Team ist es wichtig, eine starke Community aufzubauen. Sie beantworten nicht nur Nachrichten, sondern versuchen die Follower auch konkret einzubeziehen und anzusprechen. Es gab auch schon ein Treffen der Presenter*innen mit der Community in Köln.

Für viele Themen arbeitet das Team mit Micro- oder Macroinfluencern, die auf ihrem Gebiet eine hohe Reichweite haben und die dadurch auch die Reichweite des Mädelsabende-Accounts erhöhen können. Ein Beispiel vom 20. April 2019 aus der Themenwoche Magersucht: An diesem Tag gab es einen Feedbeitrag mit zwei Fotos von Amelie und Rike. Beide leiden oder litten unter Magersucht und waren dazu bereits in Behandlung. Die beiden haben den Podcast „Unverhüllt" gestartet und sind auch selbst auf Instagram aktiv, sie sind als Microinfluencerinnen zu zählen. Ihre beiden Instagram-Accounts und der Account ihres Podcasts wurde in dem Feedbeitrag verlinkt. Sie selbst haben auf ihrem Account auch ihren Beitrag bei Mädelsabende verlinkt.

Zusätzlich gab es an diesem Tag eine Story von Presenterin Katja, in der sie die beiden interviewet und auch wieder alle drei Accounts verlinkt. Die Story ist insgesamt 33 Slides lang. Am Ende fordert Presenterin Katja die, wie sie sie nennt, „Mädelsbande"-Follower auf, unter dem Feedbeitrag zu kommentieren, wenn sie auch Berührungspunkte mit Essstörungen haben.

Zu Beginn des Accounts bestand das Mädelsabende-Team aus der Redakteurin und drei Presenterinnen, 2020 arbeiten schon über 15 Leute für das Format. Neben Redakteurin und Presenter*innen gibt es zum Beispiel noch Community-Mitarbeiter*innen, Producer*innen und Planer*innen.

Mädelsabende gehört mit 146 Tausend Abonnent*innen (Stand April 2020) zu den erfolgreichsten Formaten von Funk. Ausgezeichnet beziehungsweise nominiert wurden sie beim Smart Hero Award 2018, beim Grimme Online Award (Stiftung Digitale Chancen 2018; Grimme Institut 2018) und beim „Klicksafe"-Preis 2019, einer EU-Initiative die sich für eine kompetente und kritische Nutzung des Internets einsetzt.

8.2 Jäger und Sammler

Jäger und Sammler war eines der ersten Formate von Funk und ursprünglich ein reines Facebook-Format. Im Dezember 2019 wurde es nach 3,5 Jahren eingestellt. Die Inhalte von Jäger und Sammler auf Facebook und Instagram waren dieselben, wobei zum Schluss der Fokus auf Instagram lag. Der Instagram-Account mit 37 Tausend Abonnent*innen existiert noch, man kann Feedbeiträge und Storys ansehen. Das Format erinnert an Mädelsabende, ist aber deutlich ernster. Das liegt vor allem an den Themen, wie zum Beispiel AfD, Lobbyismus, Hartz 4, Tierversuche oder der Mauerfall. Aber auch die Farben im Feed sind dunkler, die Beiträge homogener und professioneller. Die Zielgruppe waren junge Erwachsene zwischen 20 und 29 Jahren (Vgl. Abb. 8.1).

Wie bei Mädelsabende gab es bei Jäger und Sammler jeweils ein Thema pro Woche. Hauptelement war ein Video auf IGTV, was immer donnerstags publiziert wurde. Das ist ein Unterschied zu Mädelsabende, die IGTV selten nutzen, da

Abb. 8.1 Instagram-Profil Jäger und Sammler 2020. (Quelle: Instagram-Account Jäger und Sammler)

die Produktion von hochwertigen IGTV-Videos sehr aufwendig ist. Montags bis samstags wurde bei Jäger und Sammler jeweils ein Beitrag im Feed gepostet, etwa eine Zitatkachel oder eine Nachrichtenkachel. Montags bis freitags ging zusätzlich eine Story online.

Auf der Website von Funk wird das Format in der Kategorie Information/Investigation so vorgestellt: „Jung, neugierig und offensiv – das ist das „Jäger & Sammler"-Team. Sie äußern sich meinungsstark zu gesellschaftlich relevanten Themen. Sie gehen Themen auf den Grund und scheuen die Konfrontation nicht." Besonders wichtig waren für dieses Format meinungsstarke Hosts, die sich nach Treffen mit Expert*innen und Betroffenen fundierte Haltungen zu den jeweiligen Fragestellungen bildeten (Funk Jäger und Sammler 2020).

Für jedes Thema gab es bei Jäger und Sammler unter anderem eine*n Autor*in, eine*n Redakteur*in, einen Kameramann oder eine Kamerafrau und einen Cutter. Im Unterschied zu Mädelsabende filmten sich die Presenter*innen nicht selbst im Selfie-Modus. Das Format erhielt insgesamt sieben Auszeichnungen bzw. Nominierungen, unter anderem vom Grimme Preis und der europäischen Civis Medienstiftung.

8.3 Die News-WG

Die News-WG ist ein Instagram-Account des Bayerischen Rundfunks, den es seit September 2018 gibt. Die Presenterinnen Helene Reiner und Sophie von der Tann haben das Format während ihres Volontariates entwickelt. Im April 2020 hatte der Account bereits 81 Tausend Follower. Der Name News-WG kommt daher, dass die Presenter*innen dieses Format aus ihrer (gestellten) Wohngemeinschaft filmen. Für die Follower soll es so rüber kommen, als wären die Presenter*innen tatsächlich gerade in ihrer Wohnung auf der Couch und würden sich über nachrichtliche Themen unterhalten.

Bei der Entwicklung war es der Anspruch der beiden Presenterinnen, die Lücke zwischen klassischen Medien und Influencern auf Instagram zu schließen. Sie erreichen dort Menschen zwischen 18 und 29 Jahren, deutlich mehr Frauen als Männer. Das Ziel der Redaktion ist es, Nachrichten zu erklären. Dabei geht es nicht um „breaking news", sondern darum, aktuelle politische Themen aufzunehmen und zu erklären. Dabei wird wenig Grundwissen bei den Followern vorausgesetzt. Die Themen werden so präsentiert, dass Nutzer*innen mit oder ohne Vorwissen einen Überblick über das Thema bekommen können. Kern ihrer Arbeit sind die Storys. Der Feed wird oft dazu genutzt, auf die Storys hinzuweisen. Hier gibt es kein einheitliches Design, oft werden einfach Bilder der Presenter*innen gepostet.

Das Team der News-WG ist groß, allein bei jedem Arbeitstag gibt es zwei Redakteur*innen, zwei Presenter*innen und eine*n Social Media Manager*in. Für die Presenter*innen ist es wichtig, nahbar und authentisch zu wirken. Sie wollen Transparenz zeigen und mit den Followern auf Augenhöhe kommunizieren, die Follower werden geduzt. Auch für sie ist die Community sehr wichtig. Die zuständigen Mitarbeiter*innen beantworten jede Nachricht, die auf dem Account eingeht. Themenvorschläge von Followern werden aufgenommen und in zukünftige Storys eingearbeitet. Themen bisher waren zum Beispiel das bedingungslose Grundeinkommen, Verschwörungstheorien und Föderalismus.

In der Story von Dienstag, 21. April 2020, filmt sich Presenter Max auf der Couch selbst und spricht über systemrelevante Berufe während der Coronakrise (Vgl. Abb. 8.2). Auf der zweiten Slide postet er ein Quiz, zählt verschiedene Berufe auf und fragt, welche davon nicht systemrelevant sind. Damit bezieht er die Follower mit ein. In der nächsten Slide erklärt er etwas zu dem Thema und verlinkt auf die Seite des Arbeitsministeriums, auf der weitere Informationen dazu stehen. Schon auf der nächsten Slide kommt wieder eine Interaktion, in der Max die Follower einschätzen lässt, wie hoch der Frauenanteil in systemrelevanten Berufen ist (es sind 75 %). Nach weiteren Erklärungen kommt eine dritte Interaktionsfunktion mit der Frage, werden diese Berufe im Schnitt besser

Abb. 8.2 Abb.8.5 Story auf dem Account der NewsWG 2020. (Quelle: Instagram-Account der NewsWG)

8.3 Die News-WG

oder schlechter bezahlt als andere? Auf der folgenden Slide erklärt er, wie hoch der durchschnittliche Stundenlohn ist und wie weit der von systemrelevanten Berufen darunter liegt. In der Story werden viele Informationen vermittelt und gleichzeitig wirkt es, als schaue man einem Freund auf der Couch bei einer normalen Story zu. Dadurch unterscheidet sich der Inhalt von News WG nicht so sehr von Storys von normalen Nutzer*innen, wie es klassische Medien auf Instagram tun.

Im Januar 2019 wurde die News-WG als „Bester Instagram-Account des Jahres" beim Social-Media-Preis „Goldene Blogger" ausgezeichnet. Außerdem erhielten sie den Axel-Springer-Preis in der Kategorie „Kreative Umsetzung" und einige weitere Preise.

Besonderheiten für Lokalzeitungsjournalist*innen

9

Lokalzeitungen haben oft wenig Ressourcen für professionelle Instagram-Arbeit. Das sieht man den existierenden Accounts, Stand April 2020, auch an. Michael Graßl, Jonas Schützeneder und Korbinian Klinghardt haben in einer wissenschaftlichen Studie, und Marcel Nobis in einer Masterarbeit, die Accounts von Lokalzeitungen wissenschaftlich untersucht und miteinander verglichen. Während es bei größeren Medien feste Instagram- oder zumindest Social-Media- Beauftragte gibt, ist es bei Lokalredaktionen sehr unterschiedlich, wer die Accounts bespielt. Es gibt Redaktionen, in denen bis zu 30 Personen Zugriff auf den Account haben und von verschiedenen Standorten Beiträge veröffentlichen, beispielsweise durch eine Einteilung von Mitarbeiter*innen am zentralen Newsdesk und den Mitarbeiter*innen in kleineren Lokalredaktionen vor Ort.

„Die meisten Redakteure ordneten Instagram bei der Frage nach der Wichtigkeit der Online-Auftritte an dritter Stelle hinter der Homepage und Facebook ein", schreibt Marcel Nobis in seiner Masterarbeit (Nobis 2020). Grund dafür ist, dass die meisten Medienunternehmen Facebook schon sehr lange nutzen und dadurch eine hohe Reichweite auf Facebook haben, zumindest höher als bei Instagram als der neueren Plattform. Dadurch werden mehr Websiteklicks auf Facebook erreicht, was wiederum dazu führt, dass Facebook in Lokalredaktionen noch als wichtiger angesehen wird. Dabei sind die journalistischen Möglichkeiten sowie die Wachstumschancen auf Instagram höher. Dazu schreibt Nobis: „Grundsätzlich lautet der Tenor der Redakteure aber, dass Instagram wahrscheinlich in absehbarer Zeit noch wichtiger für ihre Arbeit wird" (Nobis 2020).

In der Studie von Graßl, Schützeneder und Klinghardt, in der die 67 größten Lokalzeitungen Deutschlands (Auflagenstärke über 50.000) quantitativ analysiert und zusätzlich 13 Experteninterviews geführt wurden, heißt es: „Aufgrund der herausragenden Bedeutung von Facebook verwundert es nicht, dass die Befragten die für Instagram aufgewendete Zeit pro Team-Tagesschicht mit durchschnittlich zwischen 30 Minuten bis maximal vier Stunden beziffern, die klare Mehrheit davon nennt weniger als zwei Stunden. Für Facebook wird deutlich mehr Zeit eingeplant" (Graßl et al. 2020).

Festgelegte Strategien gibt es kaum. Es gibt auch wenig Querverweise zwischen den verschiedenen Plattformen auf Social Media oder auch der Homepage. Nach Klinghardt nutzen lediglich 14 der 67 analysierten Lokalzeitungen ein Branding, also einen Logovermerk auf ihren Beiträgen. Er schreibt: „Ein klares Konzept ist bei fast keinem Anbieter zu erkennen, ebenso wenig ein einheitliches Design, das große Instagram-Kanäle für ihren eigenen Wiedererkennungswert nutzen." (Graßl et al. 2020).

Nur ein kleiner Teil der Lokalredaktionen bereitet Nachrichten für den Feed überhaupt als Nachrichtenkachel auf. Grund dafür ist, dass Nachrichtenkacheln aufwendiger sind als reine Bildposts. Redaktionen benötigen ein Programm, um solche Kacheln zu erstellen, und Mitarbeiter*innen, die Zeit dafür haben und wissen, wie das funktioniert. Doch auch ohne Nachrichtenkacheln wäre es möglich, mit wenigen Mitteln journalistisch zu arbeiten. Beispielsweise indem thematische Bilder veröffentlicht werden und die Bildbeschreibung für journalistische Inhalte genutzt wird. Bei vielen Feedbeiträgen in lokalen Medien werden die Urheber*innen nicht genannt, nur sehr selten wird klar, wer den Beitrag verantwortet. Storys nutzen viele Redaktionen gar nicht, und wenn, dann meistens ohne Konzept und Dramaturgie. Für die meisten Lokalzeitungen spielt IGTV auch gar keine Rolle, da die Produktion für Journalist*innen bei Printmedien sehr aufwendig ist.

Bei vielen Lokalzeitungen sind dafür Leserfotos beliebt. „Die Redaktionen nutzen diese Bilder nicht nur als günstige Inhalte, sondern möchte darüber auch die Bindung zum Medium fördern, indem sie die Nutzer mit ihren Bildern in das Angebot einbinden", schreibt Nobis (Nobis 2020). Die Leser-Blatt-Bindung soll gestärkt werden. Redakteur*innen starten Leseraufrufe auf Instagram, und Follower können Bilder an die Redaktion schicken oder mit einem dafür ausgewählten Hashtag versehen. Die Redaktion kann diese Bilder dann verwenden, die meisten nutzen sie für den jeweiligen Instagram-Account. Bei manchen Zeitungen besteht der Feed sogar fast ausschließlich aus Leserbildern. Manche Zeitungen veröffentlichen in unregelmäßigen Abständen aber auch Themenseiten mit Leserfotos von Instagram in der gedruckten Zeitung (Nobis 2020).

Passend für Lokalzeitungen veröffentlichen 83,9 % der 67 Medien lokale Motive auf der Plattform (Graßl et al. 2020). Die anderen seien überregional oder nicht zuzuordnen. Viele Redaktionen beschränken sich darauf, positive Themen zu veröffentlichen. „Zu diesen eher leichten und positiv konnotierten Themen zählen für die Redaktionen beispielsweise das Wetter und Jahreszeiten, Tiere und Natur sowie Sehenswürdigkeiten und Landschaftsaufnahmen aus der Region" (Nobis 2020). Bei Klinghardt heißt es dazu: „Gepostet wird selten, was vor Ort journalistisch gesehen relevant ist, sondern was der Instagram-Algorithmus und die Follower gerne sehen: Sonnenaufgang statt Rathaus-Debatte." (Graßl et al. 2020).

Hier gibt es einen starken Kontrast zu überregionalen Medien auf Instagram, die die Plattform mehr zum Informieren und zum journalistischen Arbeiten nutzen, als „nur" für eine Leser-Blatt-Bindung. Noch dazu finden viele Lokalmedien eine Leser-Blatt-Bindung wichtig, „sie wollen die Follower aktivieren, interagieren aber verhältnismäßig wenig mit ihnen" (Graßl et al. 2020). Um diese Community-Arbeit gut zu machen, müssten Redakteur*innen Kommentare und Nachrichten auf Instagram beantworten, was wiederum, je nach Größe des Accounts, viel Zeit in Anspruch nehmen kann.

Bei manchen lokalen Medien gibt es die Tendenz zum Zweitkanal auf Instagram, da die Verbreitungsgebiete oftmals sehr groß sind, und sie möglichst viele Nutzer*innen aus der Region auf der Plattform abholen wollen. Wie erfolgreich diese Strategie ist, ist bisher noch nicht klar. Sie wird allerdings auch von der New York Times verfolgt, die beispielsweise eigene Kanäle für kochen oder reisen hat.

Ein interessantes Konzept gibt es bei der Stuttgarter Zeitung. „Dort wird der Instagram-Account regelmäßig an externe Personen und Institutionen (abseits der Online-Redaktion) aus der Region vergeben, die dann zwei Wochen lang monothematisch Inhalte zu ihren Fachgebieten über den Account posten" (Nobis 2020). Die Personen können zum Beispiel Künstler*innen sein, aber auch Redakteur*innen aus dem Haus. Durch diese Methode wird Personal gespart und die Zeitung hebt sich von der Konkurrenz ab. Im April 2020 hatte die Stuttgarter Zeitung 34,5 Tausend Abonnent*innen auf Instagram.

Auf manchen Accounts wird Werbung für Produkte des eigenen Hauses gemacht. Häufig kommt das bisher aber nicht vor. Noch seltener gibt es bezahlte und auch als solches gekennzeichnete Werbung, die nichts mit dem eigenen Haus zu tun hat. Solche Beiträge sind beispielsweise auf den Instagram-Seiten des Kölner Express und des Kölner Stadtanzeigers zu finden. Manche Medienunternehmen nutzen Werbekunden aus der gedruckten Zeitung auch in Feed und Story.

Neben Lokalzeitungen geht auch Orange, die Jugendseite des Handelsblattes, mittlerweile diesen Weg auf Instagram. In den Story-Highlights finden sich Storys mit bezahlten Anzeigen von Werbepartnern, die auch als Anzeige markiert sind.

Besonderheiten für TV – Journalist*innen

10

Videoinhalte sind in Deutschland sehr beliebt. Im Durchschnitt schauen 86 Prozent der über 14-Jährigen täglich Bewegtbild-Beiträge. Rund 202 min pro Tag verbringen die Deutschen vor dem Bildschirm, um sich linear – also klassisch im Fernsehen, auf Internetseiten oder über soziale Medien Videos oder Filme anzuschauen.

Trotz der verschiedenen Video-Plattformen, die sich in den letzten Jahren durch das Internet entwickelt haben, gehört das Fernsehen nach wie vor mit Abstand zu den beliebtesten Freizeitaktivitäten der Deutschen. 92 % der Bevölkerung ab 14 Jahren schaltet mindestens wöchentlich ein. (ARD/ZDF-Onlinestudie 2020) Während die 14- bis 69-jährigen am Tag rund 240 min fernsehen, schaut die Gruppe der 14- bis 29-jährigen im Schnitt nur 95 min (AGF und GFK 2020). In dieser Altersgruppe sind Mediatheken, die sowohl das Bewegtbild-Angebot der öffentlich-rechtlichen als auch der privaten Sender erweitern und zeitunabhängig abzurufen sind, weitaus beliebter. Während die junge Generation dieses Online-Angebot mehrmals wöchentlich nutzt, nutzen 96 % der über 50-Jährigen bisher keine Mediatheken.

Ähnlich sieht es bei der Nutzung von Streamingdiensten wie Netflix und Amazon Prime aus: Die jüngere Generation der 14- bis 29-Jährigen nimmt mehr als die Hälfte des Publikums ein. Gemeinsam mit den 30- bis 49-Jährigen kommen sie sogar auf 88 %. Die täglichen Nutzer der Video-Plattform YouTube sind noch ein ganzes Stück jünger: Zwei Drittel sind unter 30 Jahre alt. (ARD/ZDF-Onlinestudie 2020) YouTube zählt mittlerweile ebenso zu einem beliebten Verbreitungsweg. Die Fernsehsender bzw. Formate verfügen über ihre eigenen Kanäle und verbreiten Ausschnitte oder sogar komplette Sendungen auf der Plattform.

Ein Gastbeitrag von Fränzi Meyer.

© Der/die Herausgeber bzw. der/die Autor(en), exklusiv lizenziert durch Springer Fachmedien Wiesbaden GmbH, ein Teil von Springer Nature 2020
S. Bettendorf, *Instagram-Journalismus für die Praxis*,
https://doi.org/10.1007/978-3-658-31484-2_10

Ebenso auf Facebook, Twitter und auch auf Instagram: Fast alle Medienunternehmen generieren durch die Publikation auf Social Media ein erhebliches Sehvolumen, das die klassische TV-Nutzung ergänzt – und sie zum Teil komplett ersetzt (ARD/ZDF-Onlinestudie 2020).

Von weltweit einer Milliarde monatlich aktiver Instagram-Nutzer*innen und über 500 Mio. täglich aktiver Nutzer*innen nutzen rund die Hälfte jeden Tag die Funktion der Instagram Storys. Die Anzahl der täglich produzierten Instagram Videos bzw. Storys hat sich von 2018 auf 2019 verdreifacht (Instagram 2020). Diese Entwicklung bestätigt auch für das Bewegtbild die Notwendigkeit, die junge Zielgruppe mit journalistischen Inhalten auf den Plattformen zu erreichen, auf denen sie sich aufhalten.

Unter den Instagram-Accounts mit journalistischen Inhalten sind – gemessen an der Anzahl der Abonnent*innen – die Accounts von Fernsehsendern bzw. Fernsehformaten die erfolgreichsten. Mit 12,9 Mio. Abonnent*innen zählt der Account der British Broadcasting Corporation – kurz BBC – zu den erfolgreichsten Accounts von Medienunternehmen in der westlichen Welt (Instagram, Juni 2020). Mit 1,9 Mio. Abonnent*innen ist der Medien-Account der Tagesschau der erfolgreichste in Deutschland (Instagram, Juni 2020). Auch Fernsehformate posten nicht ausschließlich Bewegtbild-Inhalte, sondern vor allem Einzelposts im Feed. Nicht zuletzt liegt dies an der schnellen Umsetzung der Einzelposts im Redaktionsalltag und der schnellen Auffassungsmöglichkeit der Nutzer*innen. Dennoch legen sie Fokus auf die Bewegtbild-Beiträge. Die Accounts der ‚BBC' News, der ‚Tagesschau' und der ‚ZDFheute' Nachrichten veröffentlich zum Beispiel täglich Storys sowie mindestens ein bis drei Bewegtbild-Beiträge im Feed.

Gegenüber Print, Online und Radio-Redaktionen haben Fernsehredaktionen einen klaren Vorteil in Sachen Video: Sie sind nicht nur nah an Bild- und Bewegtbild-Quellen, sondern können theoretisch sogar ganze Beiträge, oder zumindest einzelne Passagen, die sie für eine Sendung produzieren, für Instagram-Inhalte übernehmen. Letzteres geschieht häufiger. Die meisten Beiträge werden jedoch neu, speziell für Instagram produziert bzw. ein bestehender Beitrag angepasst. Das hat vor allem einen praktischen Grund: Die verschiedenen Formate. Das Format der TV-Beiträge in 16:9 kann auf Instagram nicht so einfach übernommen werden. Denn Beiträge im Instagram-Feed können nur in 1:1, also im Quadrat oder in 4:5 gepostet werden. In das 9:16 Story- und IGTV-Format passen TV-Beiträge zwar, doch sind diese auf Hochkant ausgelegt und die Notwendigkeit das Smartphone zum Anschauen drehen zu müssen ist nicht nutzerfreundlich.

Hinzu kommt, dass grundsätzlich das Nutzerverhalten auf der App ein anderes ist als beim Fernsehen. Die Instagramnutzer*innen möchten möglichst schnell in das Thema eingeführt werden und nur die wesentlichen Informationen kurz und verständlich erklärt bekommen. Hat ein Beitrag eine zu lange Einführung oder ist er gar kompliziert oder langweilig, halten sich die Nutzer*innen nicht weiter mit ihm auf. Sie scrollen weiter. Nach dem Motto „Mit der Tür ins Haus fallen" steigen erfolgreiche Instagram-Videos mit dem aussagekräftigsten Bild und der wesentlichen Information ein und betragen eine Länge von maximal drei Minuten.

10.1 Formate

Welche Anwendungen sich auf Instagram für Fernsehjournalist*innen vor allem anbieten, lässt sich am besten mit einigen Beispielen erklären. Hierfür wird die Möglichkeit der IGTVs anhand des Accounts von ‚ZDF heute', Instagram-Live-Videos der WDR-Nachrichtensendung ‚aktuelle Stunde', Reporter- und Korrespondentenberichte in Instagram-Storys der ‚Tagesschau', die Nutzung der Instagram-Storys als Sendungsteaser am Beispiel von ‚zdf logo!' und die Verbindung zwischen Instagram-Inhalten und Fernsehsendungs-Inhalten von ‚Frau TV', dargestellt.

10.1.1 Videos im Feed und IGTVs von ‚@ZDFheute'

Der Nachrichtenkanal ‚ZDFheute' setzt stark auf Bewegtbild-Beiträge. Mindestens einmal am Tag wird ein Video von bis zu 60 s oder ein längeres IGTV im Hochkantformat gepostet. Dieses besteht häufig aus Sequenzen, die auch in den Heute-Nachrichten im TV wiederzufinden sind. Während die Social-Media-Redaktion des ZDF auf Twitter komplette Beiträge aus den Nachrichtensendungen publiziert, produzieren sie die Instagram-Videos explizit. Für Instagram werden die vorhandenen Stücke neu konzipiert und anschließend umgeschnitten. Dadurch, dass das Material bereits vorhanden ist und die Aufgabe allein darin besteht, es für Instagram anzupassen, beträgt der Aufwand bis zum fertigen Instagram-Beitrag nur wenige Stunden. Der wesentliche Unterschied zwischen den TV- und den Instagram-Beiträgen besteht neben dem Format und der Kürze darin, dass die Instagram-Beiträge nicht vertont sind. Statt dem Off-Ton-Sprecher, der durch den Fernseh-Beitrag führt, erzählen auf Instagram schlicht Schrift und Bilder. Die Schrift, die auf den aneinandergereihten Bildern und Bewegtbildern platziert ist, trägt nicht nur den Inhalt, sondern ist auch ein wesentliches Gestaltungsmittel dieser Videos. Satz für Satz werden die Informationen in gut leserlicher Schriftgröße im Bild eingeblendet und verschwinden wieder, bevor die nächste Information erscheint. So werden Konsument*innen nicht mit vielen Informationen überfordert, sondern anhand schlichter, einfacher Gestaltung durch das Thema geführt. Bei den ‚ZDFheute'-Videos läuft Hintergrundmusik, die die Stimmung des Themas seicht unterstützt. Die einzigen Stimmen, die ertönen, sind die der Protagonist*innen bzw. Interview-Partner*innen. Diese Passagen werden ausnahmslos untertitelt, sodass der Inhalt auch ohne Ton verfolgt werden kann. Neben den Videos, die maximal 60 s lang sein können, sind die IGTVs von ‚ZDFheute' im Schnitt 1:30 bis 3:00 min lang.

10.1.2 Instagram-Live am Beispiel von ‚Aktuelle Stunde'

Die Möglichkeit, Videos in Echtzeit auf Instagram zu veröffentlichen, gibt es erst seit 2019. Zu Beginn wurde die Funktion nicht sonderlich häufig genutzt, erlebte aber durch die Corona-Krise 2020 einen erheblichen Aufschwung. Auch viele Nachrichtensendungen nutzten diese Funktion, um in der Zeit der Abstandsregelung Gespräche mit Expert*innen live führen und unmittelbar veröffentlichen zu können. Die Nachrichtensendung „Aktuelle Stunde" des WDR entwickelte daraus ein Format: Jeden Tag um 11 Uhr und 17 Uhr führen sie auf Instagram Live-Interviews, die sie anschließend als IGTV speichern und so auch nachträglich abrufbar machen. In den verschiedenen Folgen spricht jeweils einer der vier Instagram-Presenter*innen der ‚Aktuellen Stunde' mit Interview-Partner*innen über Themen und Entwicklungen der Zeit. Instagram erlaubt eine maximale Länge von 60 min für Live-Videos. Die Live-Videos der ‚aktuellen Stunde' sind jedoch eher 20 bis 30 min lang. Ein wichtiger Bestandteil dieser sind die Fragen der Zuschauer*innen, die in Echtzeit unter dem Video kommentieren können. Durch diese Möglichkeit verfügen Live-Videos über einen erheblichen Nutzerwert und erweitern das Angebot der Nachrichtensendung im Fernsehen. Im Vergleich zu Experteninterviews, die für das Fernsehen gedreht werden, ist auch hier der Aufwand relativ gering. Neben der inhaltlichen Vorbereitung muss weder der Standort gewechselt, noch ein zusätzlicher Kameramann eingesetzt werden. Die Umsetzung erfolgt durch das Einstellen des Instagram-Live-Videos und kann von der Interview-Führerin selbst getätigt werden. Das Video kann anschließend als IGTV auf dem Account gespeichert werden.

10.1.3 Reporter- und Korrespondent*innen-Berichte am Beispiel von der ‚Tagesschau'

Die Story-Funktion bietet sich durch ihre vielseitigen Interaktionsmöglichkeiten und ihren Echtzeit-Charakter dafür an, dramaturgisch aufgebaute Geschichten zu erzählen. Ähnlich wie in TV-Beiträgen, in denen Reporter*innen unterwegs sind und von vor Ort berichten, wird dieses Format auch von Fernsehredaktionen häufig genutzt. Gerade Korrespondent*innenberichte von verschiedenen Orten dieser Welt sind auf Instagram sehr beliebt. So berichten auch Korrespondent*innen und Reporter*innen der ARD mehrmals wöchentlich auf dem Account der ‚Tagesschau'. Zwar gibt es einige Gesichter, die nur in den Storys des Instagram-Accounts zu sehen sind, doch häufig sind es auch aus dem Fernsehen bekannte Gesichter. So drehen Reporter*innen und Korrespondent*innen nicht selten im Zuge einer Berichterstattung für TV-Beiträge auch Sequenzen für Instagram.

Der Aufbau der Instagram-Berichte sieht dabei ähnlich aus, wie in Reporterberichten für das Fernsehen: Die Presenter*innen führen mit einer Begrüßung in die Story ein, filmen die Atmosphäre und aussagekräftige Motive, beziehen Aussagen von Interview-Partner*innen oder Umfragen mit ein und verfassen ein Schlusswort. Während der Coronakrise sprachen so mehrere Tagesschau-Korrespondent*innen über die aktuellen Maßnahmen in ihrem Land. Für die Story wurden jeweils Beiträge verschiedener Korrespondent*innen aus verschiedenen Ländern zusammengeschnitten. Der wesentliche Unterschied zu den TV-Berichten besteht darin, dass die Reporter*innen die Storys größtenteils im Selfie-Stil selbst drehen. Teilweise filmen die Reporter*innen auch die Motive selbst, teilweise werden jedoch auch Aufnahmen mit einbezogen, die mit Filmkameras gedreht werden und auch für TV-Beiträge verwendet werden. Den Inhalt der Story verschriftlicht die Tagesschau ausnahmslos, sodass der Bericht auch ohne Ton mitzuverfolgen ist. Dabei setzt die erfolgreichste Nachrichtensendung in Deutschland nicht auf die Instagram-internen Gestaltungsmöglichkeiten, sondern verwendet das zur Sendung passende schlichte blau-weiße Design. Die Storys der ‚Tagesschau' bestehen durchschnittlich aus 10 bis 15 Story-Segmenten, betragen also eine Länge von rund 2,5 bis 3,75 min.

10.1.4 Sendungsteaser am Beispiel von ‚ZDFlogo'

Zu viel Werbung ist unbeliebt, egal auf welchem Medium. Aus diesem Grund ist es grundsätzlich wichtig, den Instagram-Account nicht ausschließlich als Werbekanal für TV-Inhalte zu betrachten. Dennoch zeigt zum Beispiel der Account der Kindernachrichtensendung ‚logo!', wie authentische Storys der Moderator*innen als Teaser für die Sendung genutzt werden können.

Täglich vor der Sendung melden sich die ‚logo!'-Moderator*innen des Tages in der Story zu Wort und führen mit durchschnittlich fünf bis zehn Slides in die Sendung ein. Dabei legen sie meistens einen Fokus auf ein herausgegriffenes Thema. An dieser Stelle ‚teasern' sie nicht nur, sondern ermöglichen dem Zuschauer durch ausgeführte Informationen einen direkten Mehrwert. Durch die direkte Ansprache an das Publikum und das Miteinbeziehen von Fragen und Abstimmungsmodulen binden sie die Zuschauer*innen ein. Zum Ende der Story verweisen die Moderator*innen kurz auf die Sendung und verlinken anschließend die Mediathek mit einem Swipe-Up-Link. Die Sendungsteaser von ‚logo!' leben von ihrer Authentizität und wirken daher keineswegs rein werblich. Häufig sind die Moderator*innen gerade auf dem Weg ins Fernsehstudio und drehen die Story auf dem Flur, sitzen in der Maske oder richten sich im Studio ein. Dieser „Behind-the-Scenes"-Charakter verleiht der Story einen persönlichen Wert und einen weiteren spannenden Einblick für die Zuschauer*innen.

10.1.5 Instagram-Beiträge für Fernsehinhalte am Beispiel von ‚Frau TV'

Die Fernsehredaktionen können nicht nur von TV-Inhalten profitieren, die sie für Instagram anpassen, sondern auch andersrum. Immer wieder werden Instagram-Inhalte auch für TV-Beiträge genutzt. Dabei stellen die unterschiedlichen Formate der Instagram-Hochkant Videos in 9:16 und das Querformat des Fernsehens in 16:9 eine Schwierigkeit dar. So ist in Fernsehsendungen meist unmittelbar zu erkennen, welche Abschnitte ursprünglich für Instagram produziert wurden: denn das Bild nimmt nur einen schmalen Streifen des gesamten Bildes ein. Aus diesem Grund werden bisher eher journalistische Quellen, wie zum Beispiel ein Beweisvideo, das mit einem Smartphone gedreht wurde, genutzt, als dass von Redaktionen produzierte Inhalte für Instagram auch für die Fernsehinhalte verwendet werden.

Das Fernsehmagazin ‚FrauTV' des WDR versucht jedoch immer stärker eine direkte Verbindung zwischen den Instagram-Inhalten seiner ‚Tochter', dem Format ‚Mädelsabende' und der Sendung zu schaffen. Zunächst sind die Inhalte des Instagrams-Formats über die Mediathek des Fernsehmagazins abzurufen. Damit können Zuschauer*innen auch außerhalb von Instagram das Programm anschauen. Des Weiteren liefen in ‚Frau TV' bereits Magazin-Beiträge, die die Redaktion aus bestehenden Instagram-Storys für das Fernsehformat angepasst nachgedreht hat. Seit Anfang 2020 besteht außerdem eine konkrete Kooperation zwischen ‚Frau TV' und ‚Mädelsabende': In regelmäßigen Abständen werden IGTVs auch in der TV-Sendung gezeigt.

10.2 Praxistipps für Fernsehjournalist*innen

Für die Produktion von Bewegtbild-Beiträgen für Instagram, beziehungsweise für die Anpassung bestehender TV-Beiträge, können einige Anhaltspunkte, Apps und Hardwareprodukte hilfreich sein.

10.2.1 Check-Liste für Bewegtbild-Beiträge auf Instagram

- „Mit der Tür ins Haus fallen": Das Einstiegsbild sollte das aussagekräftigste sein und der erste Satz sollte die wichtigste Information beinhalten. Nur so können Sie inmitten der Flut an Inhalten die Aufmerksamkeit der Nutzer*innen wecken.
- „In der Kürze liegt die Würze": Das Video sollte bestenfalls nicht länger als drei Minuten lang sein. Je kürzer, desto mehr junge Zuschauer*innen „halten durch".
- „Schlicht und einfach": Instagram ist eine Freizeitbeschäftigung und in erster Linie ein soziales Netzwerk zum Vernetzen. Dementsprechend sind leicht zugängliche, bunte Themen, eine einfache Sprache, kurze Sätze und eine übersichtliche Gestaltung vorteilhaft.
- „Ton aus!": Der Inhalt des Videos sollte komplett verschriftlicht sein, so dass er auch ohne Ton zu verstehen ist. Machen Sie selbst den Test. Viele Nutzer*innen schauen die Beiträge von unterwegs aus, wollen entweder keine Lautstärke erzeugen, oder aber der Geräuschpegel ist so hoch, dass die Lautstärke des Smartphones für ein klares Verständnis nicht ausreicht.

10.2.2 Video-Format anpassen mit ‚InShot'

Es gibt zahlreiche Apps für das Smartphone mit denen die Videos für Instagram passend unformatiert werden können. Leicht zugänglich und kostenlos ist die App ‚In Shot', die sowohl für IOS als auch für Android geeignet ist. ‚In Shot' ist ein simples Schnittprogramm für unterwegs. Neben Bearbeitungs-Funktionen, wie dem Teilen, Duplizieren, Einfrieren der Bilder, dem Anpassen von Geschwindigkeit und Lautstärke sowie dem Hinzufügen von verschiedenen Schriftarten oder Hintergrundmusik, können mit dieser App auch die Bildformate verändert werden. Die App zeigt Ihnen an, welches Format für die Instagram-Story oder IGTVs oder für die Posts im Feed passend ist. So kann der jeweilige Ausschnitt passend gewählt, oder das Video entsprechend umformatiert werden.

10.2.3 Individuelles Story-Design mit ‚Adobe Scatch'

Instagram selbst ermöglicht bereits verschiedene Gestaltungsmöglichkeiten in Storys, wie das Hinzufügen von Schrift, individuellen Zeichnungen oder GIFs. Um den Videos jedoch ein individuelles Design zu geben, bietet die kostenlose App ‚Adobe Scatch' für IOS und Android die Möglichkeit, Sticker zu erstellen. Eine Vielzahl von Pinselvarianten sowie die Möglichkeit, die Stärke bzw. Transparenz des Designs einzustellen, ermöglicht eine individuelle Gestaltung.

Beispielsweise können Motive erstellt werden, die als Textfelder für die Schrift dienen können. Aber auch das Erstellen von Logos oder Rahmen kann den Videos einen Wiedererkennungswert geben. Nach dem Zeichnen kann der Hintergrund ausgeblendet werden und das Motiv in die Smartphone-Mediathek exportiert werden. Nun kann es kopiert und in die Story eingeführt werden. Die Platzierung erfordert Geduld, denn das Arrangieren vieler einzelner Elemente, wie der Sticker, Schrift, Gifs, Orts-Tag etc. ist auf dem Smartphone eine Herausforderung. Ein größeres Smartphone oder Tablet vereinfacht diesen Arbeitsschritt ungemein.

10.2.4 Untertitel erstellen mit ‚Clipomatic'

Die App ‚Clipomatic' vereinfacht die Erstellung von Untertiteln. Auch diese App ist sowohl für die Betriebssysteme IOS als auch für Android kostenlos zugänglich. Sie ist darauf ausgelegt, das Gesprochene direkt in Schrift zu verfassen und zeitgleich mit dem Gesprochenen abzuspielen. Gerade für die Live-Berichterstattung von Reportern, die direkt in die Kamera sprechen, bietet sich dieses Tool an und spart viel Zeit.

10.2.5 Hardware Equipment

Die Smartphones der letzten Jahre verfügen mittlerweile über eine so gute Kamera, dass die Aufnahmen nicht nur für die Videos auf Instagram ausreichend sind, sondern sogar für Fernsehinhalte übernommen werden können. Dennoch haben viele Redaktionen und Multimedia-Journalist*innen ihr Hardware-Equipment aufgestockt, um Videos mit dem Smartphone zu optimieren. Hilfreiches Equipment ist nicht zwingend teuer und eignet sich auch gut für den Privatgebrauch.

10.2.5.1 Smartphone-Stativ
Wie auch für Kameras bietet es sich an, für das Smartphone ein Stativ zu besorgen. So wird das das freihändige Filmen erleichtert. Gute Stative gibt es bereits ab 20 EUR, teilweise sind sie auch als Selfie Stick nutzbar und lassen sich klein verpacken.

10.2.5.2 Externes Mikrophon
Es gibt sowohl Lafalliers, also kleine Microphone, die an der Kleidung des Sprechenden befestigt werden, als auch Stab-Mikrophone, die per Kabel mit dem Handy verbunden werden können. Diese verbessern die Ton-Qualität vor allem bei Wind und hohen Geräuschpegeln.

10.2.5.3 Gimbal
Ein Gimbal, oder auch Steadycam (zu Deutsch: Schwebestativ) ist ein Halterungssystem, welches das Smartphone stabilisiert und somit verhindert, dass beim dynamischen Fotografieren oder Filmen das Material verschwommen ist.

10.2.5.4 Ringlicht
Gerade für Video-Aufnahmen, die Personen in geschlossenen Räumen aufnehmen, bietet sich ein Ringlicht für Smartphones an. Das Ringlicht für Smartphones ist an einem Stativ befestigt und daher höhenverstellbar. Inmitten des leuchtenden Kreises, dessen Lichtstärke verändert werden kann, kann das Smartphone befestigt werden. Das Ringlicht ermöglicht eine gleichmäßige Ausleuchtung des Gesichts der Person, die vor dem Stativ, bzw. der Kamera spricht.

Besonderheiten für Radio-Journalist*innen

11

Das Radio ist das meist genutzte Medium in Deutschland. Rund 77 % der Deutschen hören täglich auf dem klassischen Weg Radio (Radio Zentrale 2019). So kommen die Deutschen im Schnitt auf eine Hörzeit von über vier Stunden am Tag. Auch die Anzahl der Geräte ist extrem hoch: In 95 % aller Haushalte in Deutschland steht mindestens ein Radio. Am häufigsten wird das Medium im privaten Haus oder auch beim Autofahren genutzt und dort nicht nur aktiv, sondern oft auch als Hintergrundmedium. Die größte Hörergruppe bilden mit mehr als 75 % die über 30-Jährigen, die dieses Medium täglich nutzen. Am längsten – 280 min am Tag – hören Menschen zwischen 50 und 59 Jahren Radio. Von den 14- bis 29- Jährigen schalten täglich circa 65 % das Radio ein. Im Schnitt hören sie 152 min täglich. (Radio Zentrale 2019).

Anders als beim Fernsehen ist der Rückgang der Nutzer*innen beim Radio gering. Zwischen 2009 und 2019 ist die Höreranzahl pro Tag nur um zirka ein Prozent zurückgegangen, wobei die Hördauer in diesem Zeitraum sogar um fast 20 min (von 239 auf 257 min) gestiegen ist.

Wie auch bei den Streaming-Diensten für Bewegtbild-Beiträge ist das Audio-Streaming im Wachstum: Sieben von zehn (72 %) der Internetnutzer*innen hören mindestens einmal im Monat Musik im Streaming. 2018 waren es 69 %. Musiktitel sind mit Abstand die meist gehörten Inhalte auf Streaming-Plattformen. Jeder Fünfte (21 %) hört außerdem Podcasts, unter denen auch redaktionelle Inhalte aufbereitet werden.

Unter Radiosendern sind Podcasts weit verbreitet. So gehört der Podcast „Eine Stunde History" von Deutschlandfunk Nova, „Die Sendung mit der Maus zum Hören" vom Westdeutschen Rundfunk und „Radio Wissen" vom Bayrischen

---

Ein Gastbeitrag von Fränzi Meyer

Rundfunk zu den beliebtesten Podcasts auf Apple-Podcasts (Mai 2020). Besonders beliebte Audio-Streaming-Dienste sind Spotify, Deezer und Apple Music bzw. Apple Podcast. Zwei Drittel der Streaming-Nutzer*innen (65 %) streamen täglich Inhalte.

Auch auf Instagram sind Radiosender vertreten und veröffentlichen täglich sendungserweiternde Nachrichten, Videos und Storys. Zu den größten Accounts von Radiosendern gehören der junge Sender „1live" vom Westdeutschen Rundfunk mit 357 Tausend Abonnent*innen, Antenne Bayern mit 207 Tausend Abonnent*innen und „Deutschlandfunk" mit 191 Tausend Abonnent*innen (Stand Mai 2020).

Im Gegensatz zum Fernsehen ist es für das Radio aufwendiger, bestehende Beiträge für beide Medien zu nutzen. Es fehlt schlichtweg die Visualisierung. Dennoch verfügen mittlerweile fast alle Radiosender über einen Online-Bereich, über den formatbegleitende Artikel veröffentlicht werden und der Zugang zu Bildmaterial daher gegeben ist. Auffällig ist, dass die Radioformate wenig Bewegtbild-Beiträge für Instagram produzieren. Hauptsächlich werden einzelne Posts veröffentlicht, die für die Social-Media-Redaktion bzw. die Online-Redakteur*innen mit einem geringeren Aufwand zu produzieren sind. Für die Posts und Grafiken bietet es sich an, Themen aufzugreifen, die bereits für Sendungsinhalte recherchiert wurden. So können zum einen die Ressourcen gespart und zum anderen ein Bezug zwischen Sendungs- und Instagram-Inhalten geschaffen werden.

Dennoch arbeiten auch Radio-Sender mit Instagram-Storys sowie mit Video- bzw. IGTV-Formaten. Nicht zuletzt aufgrund des visuellen Fokus der App wenden sie Zeit und Ressourcen auf, um sich multimedial aufzustellen und auch als Radiosender explizit Inhalte für Instagram zu produzieren.

11.1 Formate

Welche Möglichkeiten es für Radiojournalist*innen gibt, Radiobeiträge für Instagram zu verwenden und welche innovativen Formate es bisher von Radiosendern gibt, wird in diesem Kapitel näher erläutert. Da sich die Instagram-Storys von Radiosendern in ihrer Umsetzung kaum von denen der Online,- oder Fernsehjournalist*innen unterschieden, liegt hierbei der Fokus auf den Beiträgen im Feed. Als Beispiel angeführt werden die Verschriftlichung der Audio-Beiträge von ‚Radio Essen' und ‚ABC News Radio', die Umsetzung von Sendungsinhalten in IGTVs von ‚SWR3', das Multimediaformat ‚Dumm gefragt' von ‚1live' und das IGTV-Format ‚Nachrichten in Gebärdensprache' von ‚Radio Cosmo'.

11.1.1 Verschriftlichung der Audio-Beiträge von ‚RadioEssen' und ‚abcnewsradio'

Neben den rund zwei bis vier einzelnen Posts, die täglich auf dem Account von ‚Radio Essen' veröffentlich werden, publiziert die Redaktion alle paar Tage ein Video von bis zu 60 s. Dieses besteht aus einer Audio-Datei, die für den visuellen Fokus der App angepasst ist. Hierbei verfügt die Audio-Datei über ein Standbild, das zu sehen ist, während der Ton abspielt. Auf diesem passend zum Thema gewählten Foto oder einer Grafik kann der gesprochene Text zeitgleich schriftlich, als Untertitel, mitverfolgt werden. Unterstützend dazu wird der Audio-Charakter durch visualisierte, ausschlagende Frequenzen, sogenannte Audiogramme, dargestellt. Einer ähnlichen Darstellung, wie sie von einer visualisierten Herz-Frequenz oder Aufnahmen aus dem Ton-Studio bekannt ist.

Auch der amerikanische Radiosender ‚ABC News Radio' setzt seinen Fokus auf die durch Text visualisierte Darstellungsweise der Radiobeiträge auf Instagram. Hierbei nutzen sie die Schrift nicht nur als Untertitel, sondern setzen diese sehr prägnant in den Mittelpunkt des Videos. Auf schwarzem Hintergrund wird die weiße Schrift animiert und der Länge des gesprochenen Textes angepasst. Diese Umsetzung durch Verschriftlichung bestehender Radio-Beiträge ist zwar für die Redaktionen recht unkompliziert, entspricht jedoch nicht dem Bedürfnis nach prägnanten und spannenden Bildern. Aus diesem Grund wird diese Möglichkeit von anderen Radiosendern kaum bis gar nicht genutzt. Erfolgreich sind Beiträge dieser Art nur, wenn die Schrift spannend mitzuverfolgen ist und das Auge auf kreative Weise durch den Audio-Beitrag führt.

11.1.2 Sendungsinhalt als IGTV von ‚SWR3online'

Der junge Radiosender des Südwestdeutschen Rundfunk ‚SWR3' veröffentlicht speziell für Instagram entwickelte IGTV-Formate. Zwar handelt es sich um Videos, doch steht bei dem Format weniger das Bild, sondern viel mehr das Gesprochene im Fokus. Ein junger Comedian ist im Bild zu sehen und trägt in rund zwei Minuten sein Programm vor. Dabei schaut er immer wieder in Kamera. Hört der Nutzer schlicht zu, so hört er den Radiobetrag, der so auf dem Sender veröffentlicht wird. Schaut der Nutzer auf den Bildschirm, so kann er den Comedian, ähnlich wie bei einer Lesung, beim Sprechen beobachten. Auch hier ist der Inhalt als Untertitel schriftlich mitzuverfolgen.

11.1.3 Multimediales Format von ‚1live'

Mit ‚Dumm gefragt' hat der junge Radiosender ‚1live' vom Westdeutschen Rundfunk ein Format geschaffen, das sowohl auf YouTube als auch auf Instagram und als Podcast veröffentlicht wird. Dabei werden die Inhalte nicht eins zu eins übernommen, sondern den Plattformen entsprechend angepasst. So unterscheiden sich die YouTube-Videos und die IGTVs von Instagram vor allem durch ihr Quer- bzw. Hochkant-Format, das der App entsprechend formatiert wird. Während bei den YouTube- und Instagram-Publikationen jeweils eine Fragestellung von einer Vielzahl an Personen beantwortet wird, deren kurze Bewegtbild-Ausschnitte inklusive Antworten anschließend aneinandergeschnitten werden, umfasst der Podcast ein ganzes Interview bzw. Gespräch. Auch hierbei steht eine Fragestellung im Fokus, doch entwickelt sich daraus ein vielseitiges, tiefergehendes Gespräch zwischen dem Moderator oder der Moderatorin und den Interview-Partner*innen. Im Vergleich zu den rund fünf-minütigen YouTube-Videos und IGTVs kommt der Podcast auf eine Länge von 30 bis 60 min.

11.1.4 ‚Nachrichten in Gebärdensprache' von ‚Radio Cosmo'

Ein besonders innovatives Format von einem Radiosender sind die ‚News in Gebärdensprache' von ‚Radio Cosmo', die rund alle zwei Tage veröffentlicht werden. Dabei geht es keineswegs um die Publikation von Audio-Dateien, wie es für Radiosender naheliegend wäre, sondern um das stumme Verständnis. In den IGTVs erklärt eine junge Person in rund zwei bis drei Minuten eine Nachricht in Gebärdensprache. Währenddessen läuft das Kommunizierte als Untertitel schriftlich mit. Zu hören ist bewusst nichts.

11.2 Praxistipps

Grundsätzlich ist es auch für Radiojournalist*innen wichtig zu erkennen, dass die Inhalte plattformgerecht aufbereitet werden müssen. Das Nutzerverhalten von Instagram-Followern ist ein anderes als das von Radiohörer*innen. Dementsprechend ist es nicht damit getan, Radio-Beiträge einfach für Instagram zu übernehmen. Denken Sie kreativ und nutzen Sie bestehende Recherchen und Reporter-„Reisen", um neben den Sendungs-Beiträgen auch für Instagram entsprechenden Content zu produzieren.

Die Apps, wie z. B. Schnittprogramme, die im vorherigen Kapitel vorgestellt wurden, sind auch für Radiojournalist*innen empfehlenswert. Darüber hinaus gibt es zwei weitere Apps, die für eine kreative visuelle Darstellung von bestehenden Audio-Beiträgen genutzt werden können.

11.2.1 Audiogramme erstellen mit ‚Headliner'

Mit der kostenlosen, sowohl für IOS als auch für Android zugänglichen App ‚Headliner' können sogenannte Audiogramme erstellt werden. Sie ermöglicht es, bestehende Audio-Dateien auf den Social-Media-Plattformen zu visualisieren. In der App lassen sich alle bereits bestehenden Podcasts auswählen oder eigene Audio-Spuren einfügen. Ein Bild oder Video, das im Hintergrund zu sehen sein soll, kann eingefügt werden. Die Audio-Spur wird dann wellenförmig, wie aus dem Tonstudio bekannt, eingefügt sowie bearbeitet und kann vom Nutzer eigenständig gestaltet werden.

11.2.2 Text-Gestaltung mit ‚Type Art'

Mit der für IOS kostenlosen App ‚Type Art' und der für Android kostenlosen App ‚Hype Text' können unterschiedliche Schriften auf Bildern oder Videos animiert werden. Mit diesen Apps kann auch das in einer Audio-Datei Gesprochene durch Schrift veranschaulicht und kreativ gestaltet werden. Die Nutzer*innen haben zahlreiche Animations- und Design- Möglichkeiten, um den Instagram-Beitrag visuell prägnant zu gestalten.

Community-Arbeit 12

Ich habe schon in einigen Kapiteln erwähnt, dass der Zugang zur Community ein großer Vorteil von Instagram ist. Auf dieser Plattform ist es leichter als auf anderen, niedrigschwellig und schnell zu kommunizieren, Transparenz zu schaffen und auch Recherchematerial zu bekommen. Die Community von Instagram ist jünger als auf Facebook oder Twitter. Deshalb duzen manche Medienunternehmen ihre Follower auf Instagram und siezen sie auf Facebook. Außerdem sind durch das junge Alter die Nutzer*innen noch weniger darüber informiert, wie Medienunternehmen arbeiten. Transparenz und Erklärungen sind hier wichtiger, als bei Zeitungsleser*innen.

Instagram galt zu Beginn als positive Plattform und ist das auf manchen Accounts immer noch. Es kommt deshalb vor, dass es weniger Shitstorms oder Hate Speech auf Instagram gibt als bei Facebook. Je größer der Account wird, desto schwieriger wird es aber, die negativen Kommentare aufzuhalten. Eine gute Community-Arbeit ist wichtig und leider auch zeitintensiv.

Die zuständigen Social- Media -Redakteur*innen oder Community- Beauftragten sollten alle Kommentare registrieren, die auf dem Account zu sehen sind. Sie sollten unangebrachte Kommentare löschen und Follower, die häufig negativ auffallen, blockieren. Manchmal kommt es vor, dass unter bestimmten Beiträgen extrem viel diskutiert wird, und diese Diskussionen schnell nicht mehr sachlich sind. Es ist viel Arbeit, all diese Kommentare und Follower auszusortieren, damit wieder eine normale Diskussion möglich ist.

Neben dem Aussortieren ist es auch wichtig, auf die Kommentare zu reagieren, Fragen zu beantworten und sachlich in die Diskussion einzusteigen. Sie können hier mit flachen Hierarchien mit Ihren Followern interagieren und Ihnen das Gefühl geben, mit Ihnen auf Augenhöhe zu sein. Die Botschaft sollte sein: Wir arbeiten professionell, sind aber gleichzeitig nah und ansprechbar.

© Der/die Herausgeber bzw. der/die Autor(en), exklusiv lizenziert durch
Springer Fachmedien Wiesbaden GmbH, ein Teil von Springer Nature 2020
S. Bettendorf, *Instagram-Journalismus für die Praxis*,
https://doi.org/10.1007/978-3-658-31484-2_12

Oft entsteht dadurch ganz natürlich eine Diskussion darüber, wie Medien arbeiten und wie Artikel oder Beiträge auf Ihrem Account entstehen.

Für den Fall eines Shitstorms sollten Sie sich vorher einen Notfallplan zurechtlegen. Wer hat in diesem Fall die Verantwortung über die Moderation der Kommentare? Wie soll mit negativen Kommentaren umgegangen werden? Wenn Sie sich dazu entscheiden, ein Statement zu veröffentlichen, nehmen Sie sich genug Zeit für eine ruhige Formulierung. Sie müssen nicht jeden einzelnen Vorwurf beantworten. Shit Storms dauern in der Regel nicht lange und sollten nach spätestens drei Tagen vorbei sein.

Diskussionen mit Followern sind nicht nur in der Kommentarfunktion unter Ihren Beiträgen möglich, sondern auch in den Direktnachrichten mit einzelnen Followern. Wenn Sie die Zeit dafür haben, beantworten Sie private Nachrichten. Beantworten Sie Fragen und erklären Sie den Followern grundsätzliches über Ihre Arbeit. Follower sind über diesen Austausch dankbar und die Community festigt sich.

Für die Aufklärung eignen sich auch Aktionen über die Nachrichten hinaus. Sie könnten in Insta-Storys verschiedene Redakteur*innen aus dem Haus vorstellen, Ihren Arbeitsalltag präsentieren oder eine Führung durch die Druckerei machen. Sie könnten auch ein IGTV-Video vorbereiten, in denen Sie eine Tour durch die Redaktion machen oder eine Redaktionskonferenz filmen. Sie können den Followern damit zeigen, wie eine Zeitung oder ein Beitrag entsteht. Wenn Sie diese Storys oder Videos produzieren, können Sie ihre Follower in späteren Diskussionen immer wieder darauf hinweisen, wo sie nachschauen können, wie Ihre Arbeit funktioniert.

Diese Möglichkeiten können Sie auch ins analoge Leben übertragen. Laden Sie doch einmal 15 Ihrer interessiertesten Follower zu einer Redaktionskonferenz im Haus ein. Zeigen Sie ihnen die Redaktion, lassen Sie sie Fotos machen und ihren Freund*innen davon erzählen. Geben Sie Ihren Followern eine Stunde Zeit, um Sie analog mit Fragen zu löchern. Das Vertrauen Ihrer Community in Sie oder Ihr Medium wird durch solche Aktionen steigen.

Sogenannte Insta-Walks können Sie auch anbieten. In Insta-Walks besucht eine Gruppe von Instagrammern einen interessanten Ort, um diesen zu fotografieren und dann selbst auf Instagram zu verbreiten. Ihre Druckerei oder Ihr Studio könnte so ein Ort sein, wenn er Ihre Follower interessiert. Dadurch schaffen Sie nicht nur Transparenz, sondern die Teilnehmer*innen werden vermutlich auch Werbung für Sie machen und Sie könnten dadurch sogar neue Abonnent*innen gewinnen.

12 Community-Arbeit

Im lokalen Bereich gab es auch schon einmal Kooperationen in Form von Insta-Walks. Eine Lokalzeitung hat, in Kooperation mit einem Museum, einen exklusiven und kostenlosen Insta-Walk für die Follower des Medienaccounts angeboten. Die Follower bekamen dadurch eine interessante, kostenlose Tour mit schönen Fotoperspektiven. Das Unternehmen bekam kostenlos Werbung, durch die Fotos, die die Instagrammer veröffentlichten. Die Zeitung hat dadurch wahrscheinlich Follower und vielleicht sogar Abonnent*innen gewonnen, weil sie den Instagrammern diese einzigartige Möglichkeit verschafft haben. Jedes Medium muss für sich selbst entscheiden, ob es solche Kooperationen eingehen möchte. Aber diese Insta-Walks sind auch nur ein Beispiel dafür, was alles möglich sein könnte. Bei einem Brainstorming mit Kolleg*innen fallen Ihnen bestimmt viele gute Ideen ein, die zu Ihrem Medium passen.

Instagram als Recherche-Tool 13

Es gibt viele Möglichkeiten, um auf Instagram nicht nur Journalismus zu betreiben, sondern die Plattform auch für journalistische Recherche zu nutzen. Die Recherche muss nicht für ein journalistisches Instagram-Projekt genutzt werden, sondern kann auch für andere Medien – von Print bis Hörfunk – nützlich sein. Drei der Möglichkeiten sind interessanten Profilen zu folgen, gezielt nach Hashtags, Themen oder Profilen zu suchen und die Community für die Recherche mit einzubeziehen.

13.1 Suchen

Sie können über Instagram gezielt nach Personen oder Themen suchen. Über die Suchfunktion (die Lupe) können Sie nach Profilen, Hashtags oder Standorten suchen. Lokaljournalist*innen nutzen die Standortfunktion, um Themen aus ihrer Region zu identifizieren. Im Mai 2020 konnte man zum Beispiel über die Suche nach dem Ort Berlin Neukölln sehen, dass die lokale Feuerwehr zu jedem Einsatz Mundschutz trägt. Auch wenn das keine interessante Geschichte ist, bietet es sich an, dem Feuerwehraccount zu folgen, um eventuell zu einem anderen Zeitpunkt dort Themen zu finden. Wenn Sie schon bestimmten Accounts folgen, werden Ihnen im Explorefeed auch thematisch passende andere Accounts angezeigt.

Über die Suchfunktion können Sie gezielt nach Hashtags, Personen oder Vereinen suchen, denen Sie folgen möchten. Wenn Sie noch nicht wissen, welche Accounts für Sie interessant sein könnten, können Sie Schlagworte in die Suchfunktion eingeben. Zum Thema „Zero Waste" beispielsweise werden Ihnen dann Accounts angezeigt von Communitys oder Einzelpersonen, die sich mit dem

Thema beschäftigen, und unterschiedliche Hashtags mit tausenden Beiträgen. Sie haben auch die Möglichkeit, Hashtags zu folgen. Auch dadurch können Sie nach und nach auf neue Accounts aufmerksam werden.

Dadurch werden Sie auch auf Mikro-Influencer aufmerksam, mit denen Sie gemeinsam ein Projekt machen könnten, mit dem Sie wiederum Ihre Followerzahl steigern können. Mehr zu diesem Thema finden Sie unter dem Kapitel Influencer*innen und auch im PR-Kapitel. Bei vielen erfolgreichen Accounts steht in der Bio, mit welchen Themen sich dieser Account hauptsächlich beschäftigt. Manchmal lassen sich dadurch auch Netzwerke erkennen. Wer folgt wem? Wer interagiert mit wem? Wie stehen diese Personen im Verhältnis zueinander?

Das soziale Netzwerk Facebook hat bei der Suchfunktion allerdings einige Vorteile gegenüber Instagram. Zum einen wird Facebook in manchen Ländern stärker genutzt. So lassen sich beispielsweise Politiker*innen in der Ukraine manchmal besser auf Facebook kontaktieren als auf anderen Kanälen. Zum anderen gibt es auf Facebook themenbasierte Gruppen und generell mehr Texte, in denen man gezielt nach Beiträgen suchen kann.

13.2 Folgen

Auf Instagram lassen sich schnell und unkompliziert Inhalte veröffentlichen. Ein Feedbeitrag oder eine Storyslide sind schneller hochgeladen, als ein Beitrag auf einer Website. Außerdem wird Instagram von vielen Privatpersonen oder kleinen Vereinen genutzt, die nicht immer eine eigene Website oder andere Kanäle nutzen.

Als der britische Prinz Harry und seine Frau Meghan entschieden, die Royale Familie zu verlassen, veröffentlichten sie dieses Statement zuerst auf Instagram. So konnten sie selbst entscheiden, wann und wie sie die Information verbreiten. Journalist*innen, die Harry oder Meghan auf Instagram gefolgt sind, bekamen die Nachricht als erstes mit und konnten dazu einen Artikel schreiben.

Es macht Sinn, Profilen zu folgen, die für den eigenen Themenbereich interessant sind, weil Sie so automatisch auf mögliche Themen für Ihre Arbeit stoßen werden. Sportjournalist*innen können Sportler*innen auf Instagram folgen, Wirtschaftsjournalist*innen Unternehmen und Politikjournalist*innen Politiker*innen. Dabei müssen diese Personen nicht unbedingt bekannt sein, sondern nur für Ihren Themenbereich relevant. Lokaljournalist*innen können lokalen Sportvereinen oder Initiativen folgen. Gerade im Lokalen, wo es oft um sehr kleine Vereine oder Initiativen geht, kann man manche Informationen ausschließlich über Instagram oder andere soziale Netzwerke erhalten. Ein Trainerwechsel beim Sportverein, eine soziale Aktion des Chors, oder eine Vorstellung einer interessanten Spielerin wäre Ihnen ohne Instagram vermutlich nicht aufgefallen.

Wenn Sie solchen Profilen folgen, sehen Sie nicht nur neue Themen, sondern haben auch einen Kanal, über den Sie die Personen per Direktnachricht erreichen und anfragen können. Sie können dadurch Interviewpartner*innen oder Protagonist*innen für Ihre Geschichten finden.

13.3 Community einbeziehen

Die Community ist nicht nur wichtig, weil Sie Ihnen folgt und eventuell auch Geld für Ihr Produkt zahlt. Sie kann auch hilfreich bei der Recherche sein. Dabei sollten Sie darauf achten, dass Sie ihre Follower mit Rechercheanfragen nicht „nerven". Oberste Priorität sollte es sein, gute journalistische Inhalte für die Community aufzubereiten. Rechercheanfragen lassen sich in diese Inhalte einflechten und können auch, wenn sie nur gelegentlich kommen, die Follower mit einbeziehen und die Kundenbindung dadurch stärken.

13.3.1 Protagonist*innensuche

Sie können über die Story und über den Feed nach Protagonist*innen suchen. Im Feed könnte es beispielsweise eine Kachel geben mit dem Aufruf: „Erzähl uns deine Corona-Geschichte". Follower können dann unter dem Beitrag kommentieren oder eine Direktnachricht schicken. Im Dialog in den Direktnachrichten können Sie die Follower fragen, ob Sie mit Ihnen zu diesem Thema ein Interview führen würden. In der Story ist es noch ansprechender für Ihre Community. Sie können ein Video aufnehmen, in dem Sie auf ein bestimmtes Thema aufmerksam machen und es anteasern, und dann über das Fragetool die Follower zu Ihren Erfahrungen befragen. Sie können auch gleich einen Aufruf starten und sagen, dass Sie Betroffene zu einem bestimmten Thema suchen.

13.3.2 Zitatsuche

Diese Funktionen können Sie genauso nutzen, wenn Sie nicht bestimmte Protagonist*innen suchen, sondern „nur" Zitate, Statements, Einschätzungen benötigen. Ich habe für den Tagesspiegel einmal die Umfrage gemacht: „Was machen Sie als erstes, wenn Corona vorbei ist?" und habe innerhalb weniger Stunden mehrere hundert Antworten zu dem Thema bekommen, die ich für meinen Printtext nutzen konnte. Die Follower haben sich darüber gefreut, eingebunden zu werden. Ähnliche Anfragen gab es beim Tagesspiegel auch schon zu Mauerfall-Geschichten oder vom Tagesspiegel-Podcast „Gyncast" zu Perioden-Geschichten. Wenn die Follower auf Ihren Aufruf antworten, können Sie mit ihnen in den Dialog gehen und schauen, ob es sinnvoll ist, ein Interview mit der Person zu führen oder ob das Statement schon für den Text reicht und Sie es verwenden dürfen.

13.3.3 Stimmungsbilder

Vor allem Storys können Sie gut nutzen, um Stimmungsbilder der Follower einzufangen. Dafür können Sie die verschiedenen Fragetools nutzen. Sie können zum Beispiel, wie es auf dem Instagram-Account des Tagesspiegel-Podcasts „Gyncast" gemacht wurde, eine Quizfrage stellen: „Wer ist in Deutschland verpflichtend bei einer Geburt dabei? A: Hebamme und Ärztin, B Hebamme, C Ärztin, D Keiner". Nach 24 h können Sie Ihre Umfrage auswerten und sehen, wie viele Follower die Frage richtig beantworten konnten. Viele Follower mögen diese Funktionen, mit denen sie ihr Wissen testen können. Sie können dadurch also eine journalistische Insta-Story machen, mit denen Sie das Wissen Ihrer Follower erweitern und die Community stärken, und gleichzeitig die Plattform zur Recherche nutzen. Sie können dann beispielsweise schreiben „Nur 30 Prozent der Tagesspiegel Follower auf Instagram wussten, dass nur die Hebamme verpflichtend bei einer Geburt dabei sein muss. Grund dafür ist …" Sie können auch andere Fragen stellen wie „Wie finden Sie es, dass XY zurückgetreten ist?" mit zwei vorgegebenen Antwortmöglichkeiten.

Hilfreiche Programme

14

Es gibt sehr viele Programme, die die Arbeit mit Instagram oder anderen Social Media Plattformen erleichtern sollen. Ständig kommen neue dazu. Die meisten Programme haben kostenlose Versionen und erweiterte Versionen, für die ein monatlicher Betrag notwendig ist. Einige der bekanntesten Hilfsmittel möchte ich in diesem Kapitel vorstellen.

14.1 Social-Media-Management

Für allgemeines Social-Media-Management gibt es unterschiedliche Tools, die oft verschiedene Social-Media-Kanäle verbinden und so versuchen, die Arbeit zu optimieren. Das wohl bekannteste Tool ist das kanadische Hootsuite. Mit Hootsuite lassen sich Posts als Entwürfe speichern und zeitlich planen. Dadurch können mehrere Mitarbeiter*innen an einem Account arbeiten. Administrator*innen können verschiedenen Mitarbeiter*innen über das Tool Aufgaben zuweisen, wie zum Beispiel das Beantworten bestimmter Kommentare, und dadurch eine gute Übersicht generieren.

Insgesamt kann man bis zu 35 Konten aus verschiedenen sozialen Netzwerken, von Facebook, Instagram und Twitter bis hin zu Google+ und Wordpress in diesem Programm verbinden. Michael Kroker, Digitalexperte der Wirtschaftswoche, schreibt zu Hootsuite: „Egal ob Kundendienst auf Twitter oder die Kommunikation mit Facebook-Fans bis hin zu Statistiken – all dies verwaltet Hootsuite. Einen kostenlosen Zugang gibt's allerdings nur für 30 Tage." (Kroker 2019). Außerdem gibt es hier auch umfangreiche Analysen über den Erfolg der Social- Media- Accounts. Kunden von Hootsuite sind laut der Website unter anderem die Hotelkette Melia und die Hongkong Airlines (Hootsuite 2020).

© Der/die Herausgeber bzw. der/die Autor(en), exklusiv lizenziert durch
Springer Fachmedien Wiesbaden GmbH, ein Teil von Springer Nature 2020
S. Bettendorf, *Instagram-Journalismus für die Praxis*,
https://doi.org/10.1007/978-3-658-31484-2_14

Ein anderes Tool ist Buffer. Auch mit diesem Programm lassen sich Inhalte für verschiedene Netzwerke verwalten. Instagram, Facebook und Twitter gibt es schon in der kostenlosen Version, doch bei Instagram gibt es das Problem, dass bei Instagram generell wenig Bearbeitung vom Desktop aus möglich ist, deshalb ist dieses Tool für Instagram nicht so empfehlenswert. Social- Media- Experte Philipp Queitsch schreibt dazu: „Gut, man muss dazu sagen, dass man mit Buffer nicht direkt über Instagram posten, geschweige denn Posts planen kann, aber zumindest kann man Posts anlegen und sich daran erinnern lassen. So könnt ihr auf dem Desktop schon alles vorbereiten und müsst Hashtags nicht über das Touch-Keyboard eures Smartphones eintippen." (Queitsch 2020).

Ein anderes Programm ist „IFTTT", das steht für „If This Then That". Dieses Programm kann nach bestimmten Auslösern Anweisungen ausführen. „Mit derlei hilft der Dienst bei der Automatisierungen der eigenen Social-Media-Aktivitäten, etwa dergestalt: Wird man auf einem Facebook-Foto markiert, wird der Schnappschuss automatisch im eigenen Cloudspeicher auf Dropbox abgelegt", schreibt Kroker in der Wirtschaftswoche (Kroker 2019).

SocialHub funktioniert ähnlich. Dort werden zum Beispiel Nachrichten von unterschiedlichen Social-Media-Kanälen gebündelt und in einem Posteingang angezeigt. Beiträge können geplant werden und mit einem Klick auf verschiedenen Kanälen gleichzeitig veröffentlicht werden. Auch hier können Kolleg*innen Aufgaben zugewiesen werden oder Anfragen direkt an Fachabteilungen weitergeleitet werden. Außerdem gibt es einen Insight Bereich mit einer Analyseübersicht (SocialHub 2020).

Mit dem von Facebook bereit gestellten Tool Crowdtangle kann die Reichweite von Beiträgen erfasst werden, man kann sich mit der Konkurrenz vergleichen und keine wichtigen Themen verpassen. Analysen gibt es dort für Facebook, Instagram und Reddit, bis 2019 gab es sie auch noch für Twitter. Das Tool wird vor allem genutzt, um „viralen Content zu identifizieren" (Tusch 2019). Es wird deshalb auch von Faktencheckern genutzt.

Diese Tools sind vor allem dann sinnvoll, wenn Sie mit Ihrem Account schon viele Follower erreichen und daher viele Kommentare und Nachrichten bearbeiten und Beiträge planen müssen.

14.2 Kommentare verwalten

Je nachdem wie groß der Instagram-Account ist, kann das Verwalten der Kommentare sehr viel Zeit in Anspruch nehmen. Es gibt die Möglichkeit, unter dem Punkt „unangemessene Kommentare deaktivieren" bestimmte Worte auf dem eigenen Account zu sperren. Wird beispielsweise das Wort „Nazi" gesperrt, werden Kommentare mit diesem Wort nicht sichtbar. Diese Sperrungen können hilfreich sein und Arbeit reduzieren. Allerdings sollte darauf geachtet werden, dass die Meinungsfreiheit der Nutzer*innen nicht eingeschränkt wird.

Ein Programm, welches das Bearbeiten der Kommentare erleichtern soll, ist das deutsche Startup Conversario. Conversario ist eine Software, die durch künstliche Intelligenz Social- Media -Manager*innen bei der Bearbeitung von Kommentaren unterstützt. Das Tool für automatisiertes Community Management soll den Nutzerdialog positiv beeinflussen, es verspricht einen „proaktiven Schutz gegen Hass- und Spam-Kommentare". Man kann es nicht nur für Instagram nutzen, sondern auch für andere Social-Media-Kanäle wie Facebook oder YouTube.

Laut der Website wird das Tool schon von der Tagesschau, dem Spiegel, der FAZ und der Neuen Zürcher Zeitung verwendet (Conversario 2020).

14.3 Link in Bio

Ein Problem für die meisten Unternehmen ist, dass man nur einen einzigen Link im Instagram-Account setzen kann. Den Link in der Biografie (Bio). Einige Redaktionen haben eine Themenseite auf der eigenen Homepage kreiert, die dort verlinkt wird. Social- Media- Redakteur*innen müssen dazu bei jedem Beitrag, den sie veröffentlichen, den Ursprungsartikel bearbeiten und das Stichwort für die Themenseite ergänzen. Die Follower können dann, wenn sie das Thema einer Kachel interessant finden, auf die Bio gehen, dort auf den Link klicken und den Text suchen, der zu dem Thema passt. Diese Option ist kostenlos, fordert aber einige Klicks von Followern und Social- Media- Redakteur*innen. Auch hat nicht jede Redaktion die technische Möglichkeit, eine Themenseite zu erstellen.

Manche Lokalzeitungen greifen deshalb auf das Programm „Later" zurück. Über Later.Linkin.Bio wird ein Link für die Bio erstellt, auf dem alle Feedbeiträge aufgelistet werden. Die Landing Page gibt also den Instagram-Feed und die dazugehörigen Artikel wieder. Für jeden Beitrag können insgesamt fünf Artikel verlinkt werden (Wildwood 2020). Diese Links können auch eingeplant werden. Außerdem ist es möglich nachzuverfolgen, wie viele Follower auf die jeweiligen Links geklickt haben. Es gibt verschiedene Pakete für dieses Programm, zwischen Null Euro für wenige Beiträge und etwa 35 EUR monatlich für größere Unternehmen. Außerdem hat das Programm noch weitere Funktionen, zum Beispiel für Story-Planungen. Later wird von den Stuttgarter Nachrichten und der Stuttgarter Zeitung verwendet.

Für den Link in der Bio gibt es noch weitere, hilfreiche Programme. Beliebt ist zum Beispiel Linktree. Auch bei diesem Tool wird ein Link kreiert, auf dem die Texte zu den Beiträgen angezeigt werden. Diese Links können auch eingeplant werden und man kann sich darüber anzeigen lassen, welche Links wie oft geklickt wurden. Dieses Tool wird von der Sächsischen Zeitung und vom britischen Guardian auf Instagram verwendet. Mit einem kostenlosen Account lassen sich unendlich viele Links erstellen. Mit einem Account, der wenige Euro im Monat kostet, lassen sich zusätzlich die Links einplanen, Bilder für die Links erstellen, Links hervorheben und einiges weiteres.

Beide Programme lassen sich vom Desktop aus verwenden. Ähnliche Tools sind noch „Link in Profile", „Shorby", „Lnk.Bio", „ShortStack", „Thrive Architect", „Leadpages" (Wildwood 2020). Die meisten Tools haben kostenlose Versionen und kostenpflichtige mit mehr Funktionen.

14.4 Storys

Mit dem Programm Story-Flash lassen sich einzelne Story-Slides erstellen, die aufwendiger sind als das, was die Instagram-App anbietet. Auf der Website heißt es dazu: „Egal ob Blog, Corporate Website oder News Portal, das storyflash-Widget ist überall einsetzbar und hilft Euch, die Inhalte Eurer Webseite optimal zu verwerten und als Story darzustellen! Gemeinsam mit der storyflash-Community steigert ihr Euren Traffic, erhöht die Stickiness auf Eurem Angebot und verbessert die Monetarisierung Eures Web-Contents." (Storyflash 2020).

Ein anderes Programm ist Adobe Spark, auch hier gibt es eine kostenlose Version. „Per Browser oder App lassen sich viele kostenlose Vorlagen für Instagram-Storys im Handumdrehen anpassen, bearbeiten und exportieren. Auch eigene Kreationen sind schnell erstellt." (Heyduck 2019). Das Programm gibt es als App für Android und Apple und unterstützt die bekanntesten Social-Media-Formate.

Ähnlich funktioniert das Bildbearbeitungstool „Over". Es gibt vorgefertigte Layouts, in denen Texte, Bilder und Videos ausgetauscht werden können. „Instagram-Storys ist eine eigene Kategorie gewidmet mit einer großen kostenlosen Auswahl. Natürlich kannst du auch selbst kreativ werden. Um eine längere zusammenhängende Geschichte zu erstellen, gibt es unter „Layout Collections" komplette Vorlagen-Sets: mit Titelblatt, Collagen und weiteren Formaten." (Storyflash 2020). Hier lassen sich auch eigene Schriftarten hochladen. Das Programm gibt es als App für Android und Apple.

Auch Videoslides lassen sich mit Apps bearbeiten. Die App „CutStory" schneidet Videos auf die 15-Sekunden-Storylänge zu. Außerdem gibt es weitere, kostenpflichtige Effekte wie das Hinzufügen von Musik oder dem eigenen Logo (Storyflash 2020).

14.5 Feedbeiträge

Instagram ist so designed, dass sich Beiträge für den Newsfeed am einfachsten vom Handy aus hochladen lassen. Wer vom Desktop aus hochladen möchte, ohne den umständlichen Hack zu nutzen, kann dafür auch ein Programm verwenden. Das Hochladen vom Desktop aus funktioniert beispielsweise mit dem bereits vorgestellten Programm Later, was nicht nur hilfreich für den Link in der Bio und zum Hochladen der Beiträge, sondern auch für die gesamte Planung ist. Das Programm „AiSchedul" gibt ebenfalls die Möglichkeit, Beiträge vom Desktop aus zu veröffentlichen. Es ist kostenlos und macht Beiträge zusätzlich planbar. (Hooman 2020).

14.5.1 Programme zum Erstellen von Feedbeiträgen

Es gibt verschiedene Tools, um Nachrichtenkacheln für den Feed zu erstellen. Einfache Möglichkeiten gibt es mit den Programmen Adobe Spark oder Over, die bereits bei den Story-Tools erwähnt wurden. Eine weitere, praktische App dafür ist „Word Swag". Ein weiteres Programm, „Canva", kann man von Desktop und Handy nutzen. Hier gibt es eine große Auswahl an Grafik-Vorlagen, Schriftarten und weiteren Elementen, mit denen Kacheln in kurzer Zeit erstellt werden können.

Ethische Aspekte

15

Instagram ist eine Plattform, auf der Sie professionellen Journalismus betreiben und eine neue Zielgruppe erreichen können. Trotzdem wird gelegentlich darüber diskutiert, ob es sinnvoll und ethisch gerechtfertigt ist, diese Plattform für Journalismus zu nutzen.

Wird nicht in den sozialen Netzwerken die journalistische Nachricht so sehr heruntergebrochen, um die Nutzer*innen anzusprechen, dass der eigentliche Inhalt dadurch nicht mehr richtig dargestellt und möglicherweise sogar verfälscht wird? Wenn Nachrichten stark vereinfacht und komprimiert präsentiert werden, können sich Bürger*innen dadurch nicht in gleichem Maße bilden, wie sie es über den klassischen Zeitungsjournalismus konnten. Führt Social-Media-Journalismus so langfristig gesehen nur noch zu oberflächlichen Informationen und dadurch zur Desinformation bestimmter Bürgergruppen? Leisten Journalist*innen durch ihre Arbeit in den sozialen Netzwerken dann sogar einen Beitrag zur Zerstörung der Demokratie, weil eine umfassende Meinungsbildung unterschlagen wird?

Diese Kritikpunkte am Social-Media-Journalismus sind berechtigt. Denn wenn sich Bürger*innen umfassend über bestimmte Themen informieren möchten, ist es nicht ausreichend, eine kurze Story oder eine Nachrichtenkachel auf Instagram zu sehen. Auf der anderen Seite erreichen Redakteur*innen auf Instagram eine neue Zielgruppe von Menschen, die vorher gar nicht informiert wurde und sich teilweise auch gar nicht mit den Nachrichten beschäftigt hat. Ist also das Mittel, auf Instagram verkürzte journalistische Inhalte wiederzugeben, legitim, damit junge Menschen überhaupt Nachrichten wahrnehmen? Ist es besser, sie sehr oberflächlich, als gar nicht zu informieren?

Um die Frage zu beantworten, möchte ich Ihnen zunächst die Sicht der Nutzer*innen darstellen und diese der Aufgabe der Journalist*innen gegenüberstellen.

15.1 Die Sicht der Nutzer*innen

Es ist bekannt, dass die Instagram-Nutzer*innen vor allem junge Menschen sind. Wie hoch ist deren Medienkompetenz, um die Inhalte reflektieren und verstehen zu können? Laut dem Publizistikprofessor Jürgen Wilke und der Medienpädagogin Barbara Eschenauer gibt es bei dieser Zielgruppe das folgende Problem: *„Die Heranwachsenden sind dem Einfluss der Massenmedien in einer für ihre kognitive und emotionelle Entwicklung bedeutsamen Phase ausgesetzt, in der sie erst jene Prädispositionen voll ausbilden, die nach den Erkenntnissen der Kommunikationsforschung für die Rezeption der Massenmedien und die Verarbeitung ihrer Wirkungen ausschlaggebend sind."* (Wilke und Eschenauer 1981, S. 19).

Da bisher Medienkompetenz noch kein verpflichtendes Schulfach ist, kann von jugendlichen Instagram-Nutzer*innen nicht erwartet werden, dass sie alle dort präsentierten Inhalte richtig einschätzen und reflektieren können. Den verantwortlichen Journalist*innen muss deshalb bewusst sein, dass sie bei ihren publizierten Inhalten auch die Medienkompetenz der Jugendlichen berücksichtigen müssen.

In einer Studie der Otto-Brenner-Stiftung heißt es: *„Die zweite These, man müsse das Publikum auch als schutzbedürftige Individuen betrachten, ist erklärungsbedürftig. Die Individuen entscheiden ja selbst frei über ihren Medienkonsum. Sie entscheiden, welche Medien sie benutzen, sie bedienen sich aus dem eigenen Medienrepertoire und sie entscheiden, wie lange sie Medien nutzen."* (Wolf 2015, S. 16). Diese Aussage ist zwar richtig, doch bedenkt sie die Medienkompetenz, gerade von jungen Leuten, nicht. Jugendliche können Nachrichten auf Instagram verfolgen, ohne dass sie bemerken, dass sie weniger Informationen bekommen als in einer Zeitung, da sie teilweise noch nie eine Zeitung gelesen haben. Wenn ihnen ein Nachrichtenaccount auf Instagram nicht gefällt, können sie sich entscheiden, diesen Beiträgen nicht mehr zu folgen. Doch dazu müssen die Nutzer*innen erst einmal wissen, dass dieser Account für sie keine vertrauenswürdigen Inhalte bietet.

Des Weiteren handelt es sich bei den Instagram-Nutzer*innen nicht um eine homogene Gruppe. Auch wenn die meisten Nutzer*innen Jugendliche oder junge Erwachsene sind, bestehen große Unterschiede im Bildungsniveau. Diese Problematik greifen auch die beiden Medienpädagogen Jürgen Lauffer und Renate Röllecke in ihrem Buch ‚Jugend-Medien-Kultur' auf und schreiben: *„Allerdings gilt es nicht allen Jugendlichen im gleichen Maße, die sich eröffnenden Möglichkeiten der digitalen Medien für sich zunutze zu machen. Neben denjenigen, die über ein hohes formales Bildungsniveau verfügen und sich*

15.1 Die Sicht der Nutzer*innen

die Angebote der Online-Welt besonders schnell und flexibel aneignen, inklusive der notwendigen Kompetenzen, gibt es die formal niedriger Gebildeten, denen die Fruchtbarmachung des gesamten Möglichkeitsfeldes der digitalen Medien weniger kompetent gelingt." (Lauffer und Röllecke 2010, S. 20).

Trotzdem bleibt es, zumindest nach Medienwissenschaftler Olaf Jandura und Kommunikationswissenschaftlerin Katja Friedrich, die Aufgabe der Journalist*innen, auch sozial schwächere Bevölkerungsschichten für Politik und aktuelles Nachrichtengeschehen zu begeistern, damit auch ihnen eine politische Partizipation möglich ist (Friedrich und Jandura 2012, S. 413). Durch das Internet und die sozialen Netzwerke werden Bürger*innen jedoch mit so vielen Nachrichten aus unterschiedlichen Quellen überflutet, dass es für sie schwierig ist, sie richtig einzuordnen. Sie können oftmals nicht mehr einschätzen, welche Quellen der Wahrheit entsprechen und qualitativ hochwertigen Journalismus bieten, und welche ‚Fake News' verbreiten. *„Viele dieser Menschen sind von der Komplexität politischer Strukturen und Prozesse überfordert. Sie erwarten schnelle, einfache, radikale und damit unrealistische Lösungen"*, thematisierte schon Wolfgang Schweiger in seinem Werk über den (des)informierten Bürger im Netz (Schweiger 2017, S. 159).

Umso wichtiger ist es deshalb, dass Journalist*innen sich ihrer Zielgruppe in den sozialen Netzwerken bewusst sind und ihnen auch deutlich machen, wie sie arbeiten und warum ihre Informationen vertrauenswürdig sind. Darüber hinaus sollten sie auch einen Weg finden, ihren Nutzer*innen zu kommunizieren, dass sie sich auch außerhalb der von ihnen auf Social Media präsentierten Informationen über ein Thema informieren sollten. Denn bei einer Online-Befragung aus dem Jahr 2016 gaben diejenigen Social-Media-Nutzer*innen, die in ihrem Facebook Newsfeed politische Nachrichten erhalten, an, dass sie sich sehr gut informiert fühlen. Dabei war diese Aussage unabhängig davon, ob sie die hinter den Posts verlinkten Nachrichtenbeiträge auch gelesen hatten (Schweiger 2017, S. 173).

„Das bedeutet, dass allein das bloße Überfliegen von Nachrichten-Teasern und Fotos im Facebook-Newsfeed vielen Menschen das Gefühl vermittelt, informiert zu sein. Dass dieses Gefühl trügerisch sein muss, liegt auf der Hand. Denn einerseits kann man Nachrichten- Teasern bestenfalls entnehmen, worum es grob geht, den Sachverhalt jedoch nicht vollständig erfassen. Sie sind eher ‚Appetizer' als das vollständige Gericht, wie es der Titel der Studie ausdrückt." (Schweiger 2017, S. 173). Journalist*innen stehen folglich vor der Aufgabe, neben journalistischen Inhalten ihren Konsument*innen auch diese Tatsache zu vermitteln. Sie sollten ihren Teil dazu beitragen, dass Jugendliche sich nicht nur über Instagram informieren, sondern auch zusätzliche Quellen, und sei es die Website des Unternehmens, nutzen.

15.2 Die Aufgaben der Journalist*innen

Journalist*innen müssen mit ihrer Social-Media-Arbeit viele Ansprüche erfüllen. Dabei unterscheiden sich diese nicht so sehr von den Qualitätskriterien, die Redakteur*innen seit Jahrzenten berücksichtigen. Deshalb möchte ich an dieser Stelle die Kernaufgaben von Journalist*innen noch einmal nennen. Laut dem Publizistikwissenschaftler Emil Dovifat sind sie einfach zu beschreiben: *„Der Journalist sammelt, sichtet und verarbeitet Nachrichten von öffentlichem Interesse."* Ähnlich sieht das Journalismus-Lehrer Walther von La Roche, der die Meinung vertritt, Journalist*innen sollten den Konsument*innen nicht das Denken abnehmen, sondern lediglich Fakten liefern, damit sie sich ihr Urteil selbst bilden können (Dovifat 1976, S. 38).

Schon diese Aussage spricht gegen die Annahme, dass es ethisch nicht vertretbar sei, Instagram-Journalismus zu betreiben. Denn Redakteur*innen sollen den Nutzer*innen zunächst Fakten liefern und müssen sie nicht allumfassend über ein Thema informieren, was ohnehin nicht möglich ist. Das bekräftigt auch der Publizist Herrmann Boventer, der von Journalist*innen erwartet, dass sie vermitteln und den öffentlichen Austausch über relevante Themen ermöglichen und fördern (Boventer 1988, S. 175).

Nun besteht laut den Professoren Klaus Koziol und Gerfried Hunold jedoch das Problem, dass aufgrund der digitalen Entwicklungen die Grenzen von Mediengattungen aufgebrochen werden und somit das klassische journalistische Selbstverständnis infrage gestellt werden kann (Koziol und Hunold 2001, S. 39). Der Grund für diese Annahme ist ein rein wirtschaftlicher: *„Wo aber Geld und Zeit fehlen, Informationen zu prüfen, Links zu checken und sinnvolle Serviceinformationen zusammenzustellen, dort besteht die Gefahr, dass Standards der journalistischen Praxis auf der Strecke bleiben. Die Verantwortung des Journalisten wird deshalb gerne an den ‚User' weitergegeben. Der Journalist wird zum Sammler von Information, zum ‚content manager'. Er gibt aus Zeitgründen und aus ökonomischen Erwägungen heraus seine Vermittlerfunktion auf."* (Koziol und Hunold 2001, S. 60).

Diese Vermittlerfunktion jedoch macht gemeinsam mit den bereits genannten traditionellen journalistischen Aufgaben die Arbeit der Journalist*innen aus. Sie sollten deshalb dafür kämpfen, diese weiterhin zu behalten. Deshalb ist es wichtig, auch Qualitätskriterien für den Social-Media-Journalismus festzulegen (Koziol und Hunold 2001, S. 61).

Da der Beruf der Journalist*innen eine essenzielle Rolle für den unabhängigen Zugang zu Informationen und für eine demokratische Auseinandersetzung spielt, sollten Medienschaffende laut Kommunikationsleiter Martin Schütz qualitative Anforderungen an ihre Produkte stellen und diese auch definieren (Schütz 2003, S. 47). Diese Anforderungen sind, wie bereits erwähnt, schon lange bekannt. Sie müssen lediglich auf den Social-Media-Journalismus übertragen werden. Denn, so Sprachkritiker Wolf Schneider, nur durch *„wahrheitsgetreue Informationen sind sie [die Bürger] in der Lage, ihre Entscheidungen über Macht und Mandate zu fällen. Die Bürger leihen den Journalisten die Macht, für sie alle Informationen zu sammeln, und verbinden sie mit der Verpflichtung, die Informationen sofort an sie weiterzugeben".* (Schneider 1996, S. 243).

Auf Instagram müssen Redakteur*innen demnach genauso wie in der gedruckten Zeitung darauf achten, dass Informationen wahrheitsgetreu wiedergebeben werden. Dieser Aspekt findet sich auch in der zweiten Ziffer des deutschen Pressekodex' wieder. Für Instagram ist dabei besonders dieser Punkt relevant: *„Zur Veröffentlichung bestimmte Informationen in Wort, Bild und Grafik sind mit der nach den Umständen gebotenen Sorgfalt auf ihren Wahrheitsgehalt zu prüfen und wahrheitsgetreu wiederzugeben. Ihr Sinn darf durch Bearbeitung, Überschrift oder Bildbeschriftung weder entstellt noch verfälscht werden."* (Pressekodex des Presserats 2017, Ziffer 2).

In den sozialen Netzwerken kann es durch die verkürzte Darstellung von Informationen und der Ergänzung anderer Medieninhalte dazu kommen, dass Redakteur*innen den Sinn einer Nachricht versehentlich verfälschen. Deshalb sollten sie besonders darauf achten, dass in den Storys beispielsweise durch das Zusammenspiel von Videos und Texten keine irreführenden Nachrichten entstehen. Trotz allem bleibt es auch die Aufgabe der Journalist*innen, die Komplexität von Themen für die Bürger zu verringern (Schütz 2003, S. 38). Sie müssen also den Spagat zwischen zu vielen und zu wenigen Informationen schaffen, um keine ‚Fake News' zu produzieren und trotzdem keine Nutzer*innen zu verlieren.

Eine weitere Schwierigkeit für Social-Media-Journalist*innen liegt darin, dass es sich bei Instagram um eine subjektive, emotionale Plattform handelt. Instagram lebt von Gefühlen und Bildern. Journalist*innen sollen aber genau das Gegenteil machen, erklärt Autorin Sabine Schäfer, nämlich objektive Nachrichten produzieren und nicht die *„subjektive Weltsicht eines einzelnen Journalisten repräsentieren"* (Schäfer 2007, S. 24). Auf Instagram könnten Publizist*innen genauso wie in anderen Medien in verschiedenen Formaten sowohl objektive als auch subjektive Darstellungen bieten. Eine Einschätzung einer Live-Reporterin beispielsweise wäre als subjektive Wahrheit der Redakteurin möglich (Schäfer 2007, S. 118). In diesem Fall müssen aber Redakteur*innen wieder die fehlende

Medienkompetenz beachten und ihre Nutzer*innen darüber aufklären, dass es sich hierbei um einen Meinungsbeitrag handelt.

Als grundsätzliche Regel für objektiven Instagram-Journalismus nennt Medienwissenschaftler Stephan Russ-Mohl diese: *„Journalisten sollten alles tun, um ihre Rezipienten, statt sie zu manipulieren und zu missionieren, vor Spin zu schützen und ihnen zu möglichst vielseitigen Informationen verhelfen, damit sie sich selbst ein Bild von der Lage und von künftigen Entwicklungen machen können."* (Russ-Mohl 2017, S. 275). Damit muss aber nicht gemeint sein, dass Redakteur*innen möglichst viele Informationen in Instagram-Storys integrieren. Sie könnten auch in der Story darauf hinweisen, wo weitere Informationen zu dem Thema zu finden sind, oder direkt auf eine Seite verlinken. Auch bei Zeitungsartikeln oder Fernsehbeiträgen ist es so, dass nur ein Bruchteil der Informationen zu einem Thema erwähnt werden, vollständige Information ist weder auf Instagram, noch in anderen journalistischen Formaten möglich.

Dem Social-Media-Journalismus stellt sich noch stärker als dem klassischen Journalismus das Problem, dass er Teil eines Wirtschaftssystems ist, welches auf gewinnmaximierender Ökonomie basiert (Schütz 2003, S. 25). Denn *„dass Online-Reichweiten anhand von Seitenzugriffen gemessen werden, hat den Anteil von Fotostrecken, Hitlisten und Tests, die Nutzer zu möglichst vielen Klicks verleiten, explodieren lassen (Clickbaiting)"* (Schweiger 2017, S. 15). Es ist schwierig für Social-Media-Redakteur*innen einen Beitrag zur Demokratie zu leisten, wenn sie auf ihren Seiten die Klicks einer bestimmten Zielgruppe benötigen, um wirtschaftlich profitabel zu bleiben (Koziol und Hunold 2001, S. 34). Sie müssen versuchen, trotz der Zielgruppenwünsche unabhängige Informationen zu bieten.

Die Anforderungen an Journalist*innen haben sich auch durch neue Formen des Journalismus nicht geändert, doch die Einhaltung scheint nicht mehr für alle selbstverständlich und außerdem durch wirtschaftliche Bedingungen erschwert zu sein.

15.3 Die Übertragung auf Instagram

Die Besonderheit von Journalismus auf Instagram ist nicht nur, dass Nachrichten sehr stark vereinfacht werden, sondern auch, dass Instagram eine Bilderplattform ist und deshalb auch der Journalismus größtenteils mit der Nutzung von Bildern realisiert wird.

Das Format der Instagram-Storys kann sehr gut mit der ‚Tagesschau' verglichen werden. Die Tagesschau zeichnete sich bisher *„gegenüber anderen*

Medien dadurch aus, dass ihre Berichterstattung in Bildern erfolgt, und dies wird als Grund für die Zuschreibung von Glaubwürdigkeit und Authentizität angeführt" (Schäfer 2007, S. 206). Genauso wie bei der ‚Tagesschau' wirken viele Veröffentlichungen auf Instagram glaubwürdig, weil sie aus Bildern bestehen. Die Nutzer*innen hinterfragen deshalb diese Informationen vermutlich noch weniger als Beiträge, die lediglich aus Text bestehen.

Bilder jedoch können aus unterschiedlichen Perspektiven fotografiert, bearbeitet und verzerrt werden und so missverständliche Informationen liefern. Um das zu vermeiden versuchen Fotojournalist*innen schon seit vielen Jahren aus dem Blickwinkel der Menschen, der ‚Augenhöhe' zu fotografieren, denn nach dem Kommunikationswissenschaftler Jürgen Wilke versuchen sie *„im allgemeinen offenbar den Anforderungen gerecht zu werden, den wesentlichen Bildgehalt schnell in Bezug auf das Umfeld erfassen zu können"* (Wilke 1998, S. 98). Sie wollen vermeiden, dass Bürger*innen falsche Informationen erhalten. Im Zeitalter der Digitalisierung ist das wichtiger denn je. Denn die Menschen haben sich laut Mediensprecher Martin R. Schütz angewöhnt, *„was wir mit eigenen Augen sehen, weniger rasch zu hinterfragen als etwas Gelesenes oder Erzähltes. Eine Photographie, so unsere Erwartung, bildet die Wirklichkeit ab"* (Schütz 2003, S. 59).

Diese Tatsache ist nicht negativ, muss Ihnen als Redakteur*innen aber bewusst sein. Die Filmemacher Daniel Sponsel und Jan Sebening vermuten sogar, dass Zuschauer*innen durch verschiedene Aufnahmetechniken und Möglichkeiten der Produzent*innen nicht mit Sicherheit in der Lage sind, einen dokumentarischen von einem fiktionalen Film zu unterscheiden (Holfelder und Ritter 2015, S. 53). Im Fall von Instagram-Storys ist es aber für Nutzer*innen wichtig zu wissen, ob diese für sie Live vor Ort aufgenommen wurde oder am Computer produziert wurde. Auch bei Fotos ist nicht gewährleistet, dass Nutzer*innen die Echtheit einschätzen können, denn wie Ute Holfelder und Christian Ritter in ‚Handyfilme als Jugendkultur' sagen: *„Auch in Zeiten von Photoshop trauen wir weiterhin am meisten unseren eigenen Augen."* (Russ-Mohl 2017, S. 114). Aus diesem Grund legt auch der Pressekodex explizite Richtlinien für Bilder vor. So sind vor allem Fotomontagen und andere Veränderungen deutlich zu kennzeichnen (Pressekodex des Presserats 2017, Ziffer 2.2). Würde dieser Aspekt von allen Akteur*innen auf Instagram beachtet werden, vor allem auch von Modeblogger*innen und Influencer*innen, hätten Nutzer*innen ein realistischeres Bild von ihnen.

Aus ethischer Perspektive ist essenziell, dass die verwendeten Bilder auf Instagram keine falschen Informationen transportieren. Doch Verfälschungen sind auch mit ‚richtigen' Bildern möglich. Irreführende Überschriften oder Bildlegenden können ebenfalls zu ‚Fake News' führen, meint auch der

Medienwissenschaftler Stephan Russ-Mohl in seinem Buch ‚Die informierte Gesellschaft und ihre Feinde'(Russ-Mohl 2017, S. 25). Bilder bieten ideale Möglichkeiten, ‚virale Hypes' zu erzeugen, also Inhalte, die tausendfach geteilt werden und überall im Netz zu sehen sind. Laut Medientrainer Stefan Primbs eignen sich Bilder dafür hervorragend, weil sie auf den ersten Blick erfassbar, schnell konsumierbar, meist positiv und hoch emotional sind (Primbs 2016, S. 64–65). Mindestens ebenso gut funktionieren auch die Infografiken, die zwar von Redakteur*innen aufwendig erstellt werden müssen, dafür aber laut Primbs gleich zwei Vorzüge vereinen: *„Sie ist so leicht teilbar wie ein Foto und kann dabei – wie ein Bild – ‚mehr als tausend Worte sagen', das heißt, einen komplexen Zusammenhang auf den Punkt bringen. Infografiken sind also ideal für soziale Netzwerke."* (Primbs 2016, S. 68).

Instagram-Journalismus ist meiner Meinung nach in Bezug auf die verwendeten Bilder moralisch vertretbar, wenn die Redakteur*innen darauf achten, dass die Bilder oder Infografiken an sich und auch in Kombination mit Überschriften und anderen Elementen keine irreführenden Informationen liefern. Komplexe Themen sollten demnach nur auf eine Infografik heruntergebrochen werden, wenn sie darauf nicht falsch verstanden werden können. Dabei ist ‚falsch verstehen' nicht identisch mit ‚alles verstehen'. Um alles zu verstehen, reichen für gewöhnlich auch keine seitenlangen Zeitungsartikel. Außerdem gibt es genau hierfür die Möglichkeit, dass Medienunternehmen Links in Storys setzen.

Zwar erkannte schon der Journalist und Kommunikationswissenschaftler Klaus Meier, dass es nichts gibt, was Nutzer*innen mehr stört als sinnlose Links (Meier 1999, S. 96), doch richtig verwendet wird *„die Möglichkeit der externen Verknüpfung nicht selten als neue Stufe der journalistischen Qualität gelobt"* (Meier 1999, S. 98). Schließlich hätten Nutzer*innen so die Möglichkeit, selbst die Quellen der Redakteur*innen zu überprüfen und sich weiter über dieses Thema zu informieren. Die Verlinkung auf weitere Informationen ist auch in Bezug auf die Frage nach ethisch vertretbarem Journalismus relevant. Denn es ist unmöglich, auf einem Bild oder wenigen Storyslides ein Thema allumfassend aufzubereiten. Doch es ist möglich, wichtige, erklärende Fakten zu liefern und den Nutzer*innen dann die Möglichkeit zu geben, sich über passende Links noch weiter zu informieren.

Viele Medienschaffende nutzen diese Möglichkeit bereits und setzen Links auf die letzte Slide ihrer Instagram-Storys. Aus verschiedenen Experteninterviews ging hervor, dass Nutzer*innen auch darauf reagieren und die Links anklicken, die meist auf die Seite des Medienunternehmens führen. Für die Redakteur*innen ist das zum einen deshalb gut, weil sie journalistisch besser arbeiten, und zum anderen, weil die Nutzer*innen dadurch auf deren Homepage gelockt werden, wodurch die Medienunternehmen Geld verdienen können. Redakteur Harald Baumer thematisiert in dem Buch ‚Innovation in den Medien' allerdings, dass Instagram-Storys nicht nur geschaltet werden sollten, damit die Nutzer eine Verlinkung anklicken, da sie das bemerken und sich letztlich von dem Inhalt und eventuell sogar dem Account abwenden würden (Kaiser 2015, S. 139).

Ähnlich sieht es auch Journalist und Medientrainer Stefan Primbs, der von Medienschaffenden fordert, dass sie nicht nur Links publizieren, sondern direkt den Kern des Inhaltes auf der Plattform kommunizieren (Primbs 2016, S. 27). So kann ein Austausch über das Thema direkt auf der Plattform selbst stattfinden. Auch in einem Artikel der ‚Bundeszentrale für politische Bildung' heißt es, dass die Nutzer*innen nicht mehr nur auf die Website des Nachrichtenunternehmens geleitet werden sollen, sondern dass der Journalismus vielmehr ein integraler Bestandteil der Plattform werden soll (Loosen 2016). Die Redakteur*innen haben deshalb auch hier die Aufgabe, die richtige Mischung aus Informationen bereits auf Instagram zu veröffentlichen und zusätzlich darauf hinzuweisen, wo die Nutzer*innen weitere Inhalte dazu finden.

In Folge der Digitalisierung werden Mediennutzer*innen im Internet von einer Informationsflut überrascht. So kann diese *„Mehr- und Überinformation ebenfalls in Desinformation umschlagen"* (Russ-Mohl 2017, S. 122). Medienunternehmen haben deshalb zum einen die Aufgabe in der Datenflut verlässliche und wahrheitsgetreue Fakten zu liefern. Zum anderen fällt ihnen nun zusätzlich die Funktion eines Moderators oder einer Moderatorin zu, die auch laut Baumer eine immer größere Rolle spielen wird (Kaiser 2015, S. 145). Journalist*innen sollen das Geschehen in größere Zusammenhänge einordnen (Hickethier 1998, S. 187) und dem Publikum dabei helfen, sich zu orientieren (Lilienthal 2013, S. 28). Werner D'Inka, Mitherausgeber der FAZ, sieht die *„‚Dienstleistung des Erklärens' als Hauptaufgabe des Qualitätsjournalismus, weil ‚niemand sortiert mehr mit Sinn und Verstand und nach handwerklichen Kriterien die Themen nach ihrer Relevanz."* (Lilienthal 2013, S. 24). In Zeiten von Social-Media-Journalismus und der Nachrichtenflut im Internet gilt diese Aussage mehr denn je.

Anhand all dieser Erkenntnisse ist die Ausgangsfrage zu beantworten. Ja, es ist ethisch gerechtfertigt, Journalismus auf Instagram zu betreiben, selbst wenn Nachrichten nur oberflächlich dargestellt werden können. Medienunternehmen können dadurch eine Gruppe von Menschen informieren, die sonst gar keine Nachrichten konsumieren würden. Neben erklärenden, ‚oberflächlichen' Informationen können sie diese Nutzer*innen zusätzlich darauf hinweisen, wo sie weitere Inhalte zu diesem Thema finden. Die Aufgabe der Journalist*innen ist es nicht, den Bürgern jedes Thema detailgetreu zu erläutern. Ihre Aufgabe ist es, sie auf aktuelle Nachrichten aufmerksam zu machen, diese verständlich zu präsentieren und damit aber auch den Nutzer*innen selbst zum Denken anzuregen. Die große Schwierigkeit der Instagram-Redakteur*innen liegt darin, nicht versehentlich irreführende Bilder oder Infografiken zu verbreiten, sich nicht von wirtschaftlichen Aspekten leiten zu lassen und auch die neue, zusätzliche Funktion der Moderation zu übernehmen.

16 Interview mit André Steins, Leiter der Social-Media-Redaktion der Tagesschau

Herr Steins, Sie sind Teamleiter des erfolgreichsten journalistischen Instagram-Accounts in Deutschland. Was ist Ihr Geheimnis?
Dass wir früh genug dort waren. Wir haben schon 2014 mit einem Laborprojekt begonnen. Das bedeutet zwei Redakteur*innen, ein*e Grafiker*in und ein*e Mediengestalter*in haben sich für einen bestimmten Zeitraum nur um Instagram gekümmert. Sie haben sich sehr viel Zeit genommen, um die Plattform zu verstehen. Sie haben herausgefunden, welche Themen gut funktionieren und dass Ästhetik in der Darstellungsform eine wichtige Rolle spielt. Erst etwa vier Jahre später wurde dieses Laborprojekt Teil unseres Redaktionsalltags. Seitdem wird Instagram im Regelbetrieb vom Newsdesk aus gesteuert, wir haben die Strategie und Postingfrequenz angepasst und unsere Followerzahl ist immer weiter gestiegen.

Hat Instagram bei Ihnen Priorität im Bereich Social Media? Oder wie priorisieren Sie die unterschiedlichen Social Media Plattformen?
Für uns stehen aktuell Instagram und Youtube im Fokus, da wir dort das stärkste Wachstum haben und uns kontinuierlich weiterentwickeln. Wir sind auch auf Facebook erfolgreich und haben dort stabile Nutzerzahlen, aber das Wachstum stagniert. Dort läuft unsere Arbeit weiter wie vorher, es gibt nicht viel, was wir erweitern oder neu erfinden müssten. Tik Tok hat bei uns, so wie damals Instagram, Laborstatus. Das wird von einem eigenen Team betreut. Da experimentieren wir noch, wo es hingehen soll.

Wir verbinden aber auch die verschiedenen Kanäle. Unser Ziel ist es, Inhalte immer auf verschiedenen Plattformen auszuspielen, wenn es sich anbietet. Wenn wir zum Beispiel ein neues Videoformat entwickeln, schauen wir, zu welchen Plattformen das passen könnte. Deshalb müssen sich unsere Mitarbeiter*innen auch mit allen Plattformen auskennen, um zu wissen, was sie wo verwerten können.

Wie viele Leute arbeiten bei Ihnen im Social-Media-Team?
Etwa zehn Leute am Tag, die mit der Herstellung von Inhalten und der Betreuung der Community jeweils für alle relevanten Kanäle beauftragt sind. Die Communitybeiträge, also zum Beispiel Instagram-Posts werden in den ersten Stunden aber auch noch von den jeweiligen Redakteur*innen betreut.

Wie sind die Mitarbeiter*innen aufgeteilt?
Social Media ist bei uns von fünf Uhr morgens bis Mitternacht besetzt. Die zehn Mitarbeiter*innen kommen über den Tag verteilt, sind also nicht alle gleichzeitig da. Sie müssen alle Darstellungsformen auf allen Plattformen beherrschen, können aber mit unseren Grafikern etc. zusammenarbeiten. Das Programm, das jeder im Team beherrschen muss, ist Photoshop. Zumindest so weit, dass sie aus Vorlagen aktuelle Postings produzieren können. Für animierte Grafiken oder ähnliches sind dann unsere Fachleute gefragt.

Sind das vor allem Student*innen?
Die Alltagsstruktur im Team ist gemischt, es sind nicht nur junge Hipster. Wir sind das jüngste Team in unserem Nachrichtenhaus und es besteht aus freien und festen Journalist*innen aus verschiedenen Bereichen der Tagesschau-Redaktion. Im Social-Media-Bereich arbeiten Kolleginnen und Kollegen, die sich allein mit der Arbeit auf den Netzwerken beschäftigen mit Kolleginnen und Kollegen der TV-Sendungen und tagesschau.de zusammen.

Wie viele Kommentare müssen Sie am Tag bearbeiten?
Etwa alle drei Sekunden kommt ein Kommentar oder eine Nachricht auf Facebook, Youtube oder Instagram. Wir können sie unmöglich alle beantworten. Wir machen so viel, wie wir schaffen.

Woher kommen Ihre Ideen, was Sie als nächstes tun könnten?
Wir haben Tools, die uns zeigen, was bei Instagram gerade gut läuft und orientieren uns an den aktuellen Nachrichten. Die Formate haben wir alle selbst entwickelt. Aber natürlich schauen wir auch, was die Konkurrenz macht. Wenn uns da etwas Gutes auffällt, überlegen wir, ob das zu unserer Marke passt und ob das mit unserem Team umsetzbar ist. Woher können wir die Informationen bekommen? Haben wir schon ein anderes Format im Haus? Passt es zur Strategie?

Haben Sie keine Accounts, die Sie besonders inspirieren?
Nicht wirklich. Wir sind alle selbst in den sozialen Netzwerken unterwegs und dort fällt uns ab und zu etwas auf. Wir schauen aber nicht gezielt danach. Außer wenn wir, wie aktuell bei Tik Tok, etwas neues starten. Dann machen wir das strukturierter und schauen nach den Gegebenheiten, nach den Formaten auf der Plattform. Was machen die User dort? Was hat dort Erfolg? Wie können wir das mit Nachrichten machen? Was erwarten die Leute dort von der Tagesschau? Wie können wir Nachrichten präsentieren, ohne als Fremdkörper unter Teenagern wahrgenommen zu werden?

Was ist Ihnen persönlich am Instagram-Auftritt der Tagesschau am wichtigsten?
Dass wir die wichtigsten Nachrichtenthemen des Tages abbilden. Das ist gar nicht so leicht, weil viele Zusammenhänge so komplex sind. Wir wollen auch Inhalte liefern, die ein bisschen über den Tellerrand hinausblicken. Damit unsere Follower bei uns etwas sehen, was sie bei der Konkurrenz nicht sehen.

Welche Themen oder Formate kommen bei den Followern am besten an?
Zwei Drittel unserer Follower sind unter 35. Deshalb sind es junge Themen wie Ökologie, Verteilungsgerechtigkeit, generell Gerechtigkeit. Fridays for Future und Klimapolitik erzeugen viele Interaktionen. Wir richten uns allerdings nicht nach dem, was erfolgreich ist, sondern wir schauen, welche Nachrichten junge Menschen an diesem Tag mitbekommen sollten. Wir wissen, zum Beispiel von Schulklassenbesuchen, dass Schüler davon ausgehen, dass wichtige Nachrichten sie schon erreichen. Sie suchen nicht aktiv danach. Wir möchten dafür sorgen, dass sie zumindest die Schlagzeilen der wichtigsten Themen gesehen haben und wissen, dass sie auf unserer Website oder in der Tagesschau im Fernsehen mehr darüber erfahren.

Es gibt kein bestimmtes Format, das gut ankommt, sondern es ist immer das Thema entscheidend. Auf allen Plattformen. Auf Instagram lief zum Beispiel unsere Coronaupdate-Kachel gut, als Format, aber das lag am Thema. Wir sind damit auf das Bedürfnis unserer Zielgruppe eingegangen.

Was ist Ihre größte Schwierigkeit?
Sehr sehr komplexe Nachrichten auf ein Foto mit einer Schlagzeile zu reduzieren. Das ist eine extrem große Herausforderung, an der wir manchmal verzweifeln. Dann müssen wir mehr investieren und warten, bis wir ein Grafikvideo machen können. Da ist mehr Raum, Zusammenhänge zu erklären. Wir sind nicht überzeugt davon, dass die Leute den ausführlichen Begleittext lesen und wir verlinken

auch nicht auf unsere Website oder Videos. Es ist nicht so leicht, eine sinnvolle und sachlich richtige Schlagzeile zu finden. Für uns gelten die journalistischen Prinzipien der Tagesschau. Das muss vor allem richtig sein und sollte nicht falsch verstanden werden können.

Welchen Stellenwert hat Ihr Team in der Redaktion?
Die Wahrnehmung des Social-Media-Teams steigt ständig. Wir sind Teil des normalen Redaktionsablaufs, sitzen dort, wo die anderen CVDs auch sitzen und präsentieren unsere Inhalte in den Redaktionskonferenzen. Wir bekommen von unseren Followern auch Feedback, dass sich auf die Tagesschau im Fernsehen oder unsere Website bezieht. Das geben wir dann in die Redaktion zurück.

Was würden Sie einer kleinen Lokalzeitung raten? Was wären Ihre Anfängertipps?
Sie sollten wissen, wer die Zielgruppe ist. An wen richten sich die Inhalte und wie kann man die Leute am besten erreichen? Was soll dementsprechend das einzigartige an dem Account sein? Wollen die Follower Bilder von schönen Fachwerkhäusern aus meiner Region? Oder kennen sie die gar nicht? Wollen sie reine Lokalberichterstattung? Wenn es tolle Schützenfeste im Landkreis gibt und das die Leute interessiert, dann können sie Fotograf*innen dort hinschicken und tolle Fotos für den Insta-Feed machen lassen. Im Story-Modus können lokale Accounts die Menschen sehr gut vor Ort mitnehmen. Zu Festen zum Beispiel. Wenn sie Moderator*innen vor die Kamera stellen, sollten sie die Sprache und Optik der jungen Menschen annehmen. Das muss nicht übertrieben hipp und grafisch animiert sein, aber soll sich an den jungen Leuten in der Region orientieren.

Was ist wichtiger, Hashtags oder Standort?
Wir nutzen beides kaum. Hashtags machen Sinn, wenn die Inhalte über sie gefunden werden, aber dafür müssen es richtig gute Hashtags sein. Der Standort ist für uns auch nicht relevant, aber das könnte bei Lokalaccounts, die beispielsweise vom Schützenfest berichten, anders sein.

Was ist Ihre Lieblingsfunktion auf Instagram?
Ich liebe Storys und interaktive Elemente in den Storys. Diese Schieberegler zum Beispiel, wenn man die rechts und links gut benennt. Das ist eine coole Sache. Das ist ein bisschen subtiler als eine ja/nein Umfrage.

Ich nutze persönlich auch gerne die Livefunktion, weil wir dadurch einen direkten Kontakt zu den Nutzer*innen haben. Da nutzen wir das Fragetool sehr häufig. Wir haben zum Beispiel ein 20 min Interview mit Heiko Maas über

Instagram-Live gemacht. Das war schon sehr besonders. Die User konnten ihre Fragen in den Chat posten und wir haben sie stellvertretend für unsere Follower gestellt. Die Fragen waren ganz anders, als die von Journalist*innen, und deshalb sehr interessant.

Nutzen Sie die Umfragetools in Storys gelegentlich zur Recherche?
Wir haben das schonmal gemacht, um zum Beispiel nach Leuten zu suchen. Da wir so groß sind, haben wir aber einen riesigen Rücklauf. Wir brauchen dann eine Person in der Redaktion, die sich nur um das Auswerten der Antworten kümmert.

Was ist Ihr Lieblingsaccount?
Privat schaue ich mir vor allem Fußball und Bundesliga an. Da ist Werder Bremen natürlich mein Lieblingsaccount. Nicht, weil die so tolle Formate machen. Ich freue mich einfach über meinen Verein auf Instagram und die Informationen, die ich dort geliefert bekomme. Ich folge auch einzelnen Spielern auf Instagram.

Wo sehen Sie Instagram in fünf Jahren?
Aktuell sehe ich keine große Veränderung, außer, dass das Netzwerk weiterhin wächst. Ich denke, das wird noch eine Weile so gehen. In fünf Jahren gibt es bestimmt viele weitere Funktionen, die wir uns anschauen müssen.

Meinen Sie eine andere Plattform könnte Instagram überholen? Tik Tok?
Ich könnte mir eher vorstellen, dass sich die Plattformen weiter spezialisieren und nebeneinander existieren. Dass es nicht mehr die „eine Plattform für alle"-Logik gibt, so wie bei Facebook. Sondern eher eine Plattform für Unterhaltung, eine andere für berufliche Informationen etc.

Wissen Sie, wie viele Instagram-Follower Ihre Website besuchen?
Nein. Wir machen kein Tracking, da es nicht unser strategischer Auftrag ist. Wir wollen für jede Plattform den besten Content direkt auf der Plattform machen.

In wie fern lohnt sich Ihre Arbeit?
Für uns ist es wichtig dort zu sein, wo Menschen sind. Es ist unser Auftrag, die jungen Leute dort mit gut recherchierten Nachrichten zu erreichen. Wir wollen eine Stimme sein, die gehört wird. Und das Feld nicht Stimmen überlassen, die dort Quatsch machen. Dazu gehören auch Gruppen, die Instagram gezielt zur Manipulation junger Menschen nutzen. Aber auch Menschen, die – vielleicht auch unbeabsichtigt – Falschinformationen verbreiten. Wir wollen, dass die Leute auf Instagram oder Tik Tok dann auf unseren Account klicken können und schauen können, welches die Fakten zu dem Thema sind.

Influencer*innen

17

Instagram-Influencer*innen sind Personen, die mit ihren Instagram-Accounts eine sehr hohe Reichweite haben. Das können Stars sein, die auch ohne Instagram berühmt sind, wie Fußballer*innen oder Sänger*innen. Es können aber auch Personen sein, die nur durch ihre Beiträge auf Instagram und anderen sozialen Netzwerken bekannt geworden sind. Viele Influencer*innen nutzen ihre Reichweite, um Geld dadurch zu verdienen, dass sie auf ihren Instagram-Profilen Werbung für Unternehmen machen. Entsprechende Beiträge müssen sie, so ist es rechtlich vorgeschrieben, mit „Werbung" kennzeichnen.

Es gibt verschiedene Stufen von Influencer*innen, die je nach Quelle etwas anders definiert wird. Die niedrigste Stufe, sogenannte Nano-Influencer*innen, sind Accounts mit 50 bis 10.000 Follower (DIM-Team 2020). Diese Personen sind in Deutschland nicht sehr bekannt, unter ihren Followern aber schon. Sie haben oft einen Themenschwerpunkt, wie zum Beispiel Nachhaltigkeit, und ihre Follower haben in diesem Bereich ein hohes Vertrauen in sie. Obwohl Nano-Influencer*innen vergleichsweise wenig Follower haben, gibt es Unternehmen, die Kooperationen mit ihnen eingehen, und sie für Werbungen bezahlen.

Influencer*innen mit Accounts, die zwischen 10.000 und 100.000 Follower (Foxwell 2020) haben, bezeichnet man als Mikro-Influencer*innen. Sie können immer noch authentisch auf ihre Follower wirken, haben aber eine deutlich größere Reichweite. Oft sind sie Expert*innen auf ihrem Gebiet und vor allem regional bekannt.

Noch eine Stufe weiter sind die Makro-Influencer*innen mit einer Followerzahl zwischen 100.000 und einer Millionen. Sie arbeiten oft professionell und haben ein breiteres Themenspektrum als Nano- und Mikro-Influencer*innen. Sie werden nur noch übertrumpft von den Mega-Influencer*innen mit über einer Millionen Follower. Mega-Influencer*innen sind teilweise über die sozialen

© Der/die Herausgeber bzw. der/die Autor(en), exklusiv lizenziert durch Springer Fachmedien Wiesbaden GmbH, ein Teil von Springer Nature 2020
S. Bettendorf, *Instagram-Journalismus für die Praxis*,
https://doi.org/10.1007/978-3-658-31484-2_17

Netzwerke hinaus in ganz Deutschland bekannt. Sie können ihren Lebensunterhalt allein durch Beiträge auf Instagram finanzieren und durch einzelne Beiträge jeweils mehrere Millionen Menschen erreichen. Dafür sind sie so berühmt, dass sie kaum noch unerkannt in Deutschland einkaufen gehen können.

Influencer*innen sind interessant für Unternehmen, die mit ihnen arbeiten und Kooperationen abschließen möchten. Sie haben hierdurch neue Möglichkeiten, ihre Produkte zu vermarkten. Im nächsten Kapitel, Instagram für PR, wird darauf im Abschnitt Marketing eingegangen.

Für Journalist*innen sind Influencer*innen relevant, wenn über sie berichtet wird. Bezahlte Kooperationen zwischen großen Influencer*innen und Medienunternehmen sind mir zu diesem Zeitpunkt nicht bekannt. Es gibt journalistische Accounts, wie zum Beispiel manche Instagram-Accounts von Funk, die hin und wieder über Nano-Influencer*innen berichten und in dem Sinne mit ihnen kooperieren, dass sie sich gegenseitig auf ihren Instagram-Accounts verlinken. Bei ähnlichen Zielgruppen gewinnen dadurch beide Accounts an Reichweite. Medienunternehmen können sich selbst „Influencer*innen" aufbauen, in dem sie regelmäßig dieselben Journalist*innen vor der Kamera zeigen, ähnlich wie die bekannten Gesichter aus dem klassischen Fernsehen.

Instagram für Öffentlichkeitsarbeiter*innen

18

Instagram ist weit mehr als eine Fotoplattform zum privaten Zeitvertreib und Austausch. Neben unterhaltenden und informierenden Inhalten der Instagram-Journalist*innen ist die Plattform ein Tummelplatz für Unternehmen, die sich, ihre Dienstleistungen und Produkte vorstellen und vermarkten. Daher ist Instagram für die meisten Unternehmen ein PR-Kanal. Im Folgenden möchte ich Ihnen zeigen, welche Ziele und Strategien Unternehmen auf Instagram verfolgen, wie sie diese Strategien entwickeln, wie ein überzeugendes Unternehmensprofil auf Instagram aussieht, welche Inhalte Unternehmen auf Instagram posten und wie unterschiedlich die Praktiken in Bezug auf Interaktionen sein können.

Doch warum ist das soziale Netzwerk bei Unternehmen so beliebt? Die Außendarstellung eines Unternehmens kann auf vielen Wegen gestaltet werden. Durch eingängiges, visuelles Storytelling, der Möglichkeit direkt mit der Zielgruppe zu kommunizieren und der potenziell großen Reichweite hat Instagram als PR-Kanal einen besonderen Charme.

Die Unternehmens-PR kümmert sich um alle internen und externen Kommunikationsprozesse eines Unternehmens. Wichtige Bereiche dabei sind die Kundenkommunikation und Außendarstellung des Unternehmens. Die Unternehmens-PR versucht transparent und ansprechend mit den Kunden zu kommunizieren. Dabei liefert der Austausch mit den Käufern häufig wichtige Informationen für die Produktentwicklung oder -optimierung und ist somit ein wichtiger Bestandteil des gesamten Unternehmens. Für die Unternehmens-PR ist Instagram ein sinnvoller und hilfreicher Kanal, denn Instagram bietet den unmittelbaren Kontakt zum Kunden. Und damit auch die Möglichkeit einer direkten Zwei-Wege-Kommunikation. Diese Form der Kommunikation ist besonders hilfreich. Ohne die Nutzung sozialer

---

Ein Gastbeitrag von Lena Wingen

Netzwerke ist diese Art der Kommunikation häufig eingeschränkt. Ein Kontaktformular oder eine Chat-Funktion auf der Unternehmenswebsite sind zwar sinnvoll, werden jedoch selten so hoch frequentiert, wie die Kommunikationsoptionen durch Instagram. Das soziale Netzwerk ist ein Ort des unmittelbaren Austauschs zwischen Unternehmen und deren Kund*innen.

Instagram macht Unternehmen nahbarer und schafft Zugänge wo vorher keine waren. Aus Unternehmen werden Unternehmer*innen mit Gesichtern mit Produkten und Dienstleistungen zum Anfassen. Das soziale Netzwerk bietet die Möglichkeit Geschichten zu erzählen, Kund*innen emotional ans Unternehmen zu binden, Vertrauen aufzubauen und neue Kund*innen unmittelbar zu erreichen.

18.1 Für welche Unternehmen macht ein Auftritt Sinn?

Die Unternehmenspräsenz auf Instagram könnte kaum vielfältiger sein. So lassen sich Unternehmen jeder Größe – vom Freelancer bis hin zum Weltkonzern, jeder Branche, jeder geografischen Ausdehnung und jeden Angebots auf Instagram finden. Aufgrund der Vielfalt der vertretenen Unternehmen könnte der Eindruck entstehen, jedes Unternehmen solle ein Instagram-Profil haben. Das ist ein Trugschluss, wie man an vielen schlechten und letztendlich verwaisten Unternehmensprofilen erkennen kann. Für den Profi lässt sich auf den ersten Blick erkennen, warum ein Unternehmensauftritt auf Instagram nicht funktioniert hat. Das Stilllegen oder langsame Verwaisenlassen des Profils ist eine übliche Folge. Denn Instagram ist ein Ort der aktiven Kommunikation. Ohne entsprechende Follower, ohne Interaktion kostet der Auftritt Unternehmen lediglich Zeit und Geld. Der aus dem Kanal gewonnene Output ist gering bis nicht vorhanden. Nicht selten beginnt eine solche Instagram-Katastrophe mit der nicht gestellten Frage: Macht ein Instagram-Profil für mein Unternehmen Sinn?

Wenn aber die bisher genannten Kriterien Unternehmensgröße, Branche, geografische Ausdehnung und auch das Unternehmensangebot (Dienstleistung und/oder Produkt) keinen Einfluss auf die Entscheidung für oder gegen einen Instagram-Auftritt haben, welche Kriterien sind dann relevant? Ausschlaggebend für die Entscheidung von Unternehmer*innen für einen Unternehmensauftritt auf Instagram ist die Zielgruppe, die Bereitschaft und Möglichkeit zur Erstellung von Inhalten mit Mehrwert. Die Entscheidung für oder gegen die Nutzung verschiedener Kommunikationskanäle, so auch Instagram, sollte anhand der Nutzungsgewohnheiten der eigenen Zielgruppe getroffen werden. So ist es letztendlich einfach zu entscheiden, ob ein Auftritt auf Instagram Sinn macht oder vertane Zeit ist. Stellen Sie sich die Frage: Ist meine Zielgruppe auf Instagram vertreten? Ihre Zielgruppe ist mitunter sicher spezifisch. Anhand von Alter und Geschlecht lässt sich jedoch bereits ein grundlegendes Urteil fällen.

Vor allem die Altersklasse 18–24 Jahre sowie die Altersklasse 25–34 Jahre sind stark auf Instagram vertreten. Hier sticht auch hervor, dass die Nutzerzahl der Männer die der Frauen leicht übersteigt. Liegt Ihre Zielgruppe außerhalb dieser stark vertretenen Nutzergruppe, ist die Plattform nur bedingt als Kommunikationskanal sinnvoll. Schließlich wollen Sie mit potenziellen Kund*innen kommunizieren und nicht an ihnen vorbei. Allein aufgrund des Alters sollten Sie jedoch noch keine Entscheidung treffen. Einige Branchen weisen stark abweichende Nutzerzahlen auf. Daher sollten Sie vor der Entscheidung für oder gegen einen Unternehmensauftritt die Nutzungsgewohnheiten Ihrer spezifischen Zielgruppe betrachten und auf dieser Basis entscheiden. Beispielsweise ist eine junge Lifestyle-Brand besser auf Instagram aufgehoben als ein B2B-Unternehmen, welches Autoteile herstellt.

18.2 Unternehmensprofil versus Influencer-Marketing

Instagram kann von Unternehmen auf verschiedene Arten genutzt werden. Mit einem Unternehmensprofil steigen sie aktiv in das soziale Netzwerk, inklusive Content-Marketing und Community-Management, ein. Über Influencer- Marketing verschaffen sich Unternehmen passive Reichweite ohne zwingend eigenständige Aktivität auf der Plattform. Auch eine Kombination von beidem ist möglich.

Das Unternehmensprofil ist der erste Schritt für die Nutzung von Instagram als aktivem Kommunikationskanal. Über diesen Weg ist es möglich mit der eigenen Zielgruppe im direkten Austausch zu kommunizieren, sich eine Community aufzubauen und letztlich zu einer Love Brand zu wachsen. Als Love Brand werden Unternehmen bezeichnet, die von den Konsumenten gegenüber jeglichen anderen Unternehmen bevorzugt werden. Geprägt wurde der Begriff durch Kevin Roberts in seinem Buch „Der Lovemarks-Effekt".

Ein Unternehmensprofil eröffnet Unternehmen die Möglichkeit, eigene Inhalte zu teilen. Dies ist ein nicht zu unterschätzender Vorteil. Denn Sie als Unternehmer sind nicht länger auf Dritte, wie zum Beispiel die Medien angewiesen. Ganz im Gegenteil – Sie können eigenständig agieren und die Themen kommunizieren, die für Ihr Unternehmen wichtig sind. Mit einem Unternehmensprofil sind jedoch auch Pflichten verbunden. Ein Profil sollte stets gepflegt und aktualisiert werden. Zudem muss zwingend Content für diesen Kanal erstellt werden. Eine Aufgabe, die häufig unterschätzt wird. Die Planung, Bespielung,

Auswertung und Interaktion auf Social Media ist ein Vollzeitjob mit großer Verantwortung.

Betrachtet man den Aufwand ist es nicht verwunderlich, dass viele Unternehmen nicht aktiv auf Instagram tätig sind. Eine Möglichkeit, ohne eigenes Profil auf Instagram präsent zu sein, bietet das Influencer- Marketing. Hier präsentiert sich das Unternehmen nicht auf einem eigenen Kanal, sondern nutzt die Reichweite beliebter Instagram-Nutzer*innen, den sogenannten Influencern. Instagram-Nutzer*innen werden zur Werbewand. Influencer- Marketing kann für Unternehmen äußerst lukrativ sein. Influencer sind Idole. Follower vertrauen auf ihre Erfahrungen und Empfehlungen. Was der Influencer seiner Zielgruppe präsentiert, wird konsumiert. Die Stärken des Influencer- Marketings liegen in einem stark segmentierten Markt mit geringen Streuverlusten. Unternehmen ersparen sich durch Influencer- Marketing den Aufbau eines eigenen Kanals und die damit verbundenen Ressourcen. Langfristig wirkt Influencer- Marketing aber nicht. Die Investition in ein eigenes Unternehmensprofil inklusive durchdachter Content-Strategie sollte daher immer im Fokus stehen. Influencer- Marketing kann entsprechend als punktuelle Werbemaßnahme in die Gesamtstrategie eingebunden werden. Als alleinstehende Maßnahme ist es aber nicht zu betrachten.

18.3 Ziele und Strategien der Unternehmen auf Instagram

Instagram ist ein Kommunikationskanal, der von Unternehmen genutzt wird, um ihre unternehmerischen Ziele zu erreichen. Dabei kann Instagram beim Erreichen folgender Ziele unterstützen:

- Sichtbarkeit steigern/Bekannt werden
  Wohl das häufigste Ziel von Unternehmen: die Sichtbarkeit steigern, bzw. bei der eigenen Zielgruppe bekannt werden. Durch die hohe Nutzerreichweite und die starken Segmentierungsmöglichkeiten bietet sich Instagram für dieses Ziel an (vorausgesetzt die Zielgruppe ist auf Instagram vertreten)
- Kundenbindung aufbauen/optimieren
  Neben der reinen Sichtbarkeit müssen Unternehmen auch Umsatz erzielen. Daher arbeiten Unternehmen über Instagram an der Kundenbindung. Durch den direkten Austausch und die Möglichkeiten zur Interaktion kann die Kundenbindung aufgebaut und gefestigt werden.

18.3 Ziele und Strategien der Unternehmen auf Instagram

- Communityaufbau
  Eine Community ist eine Masse von Followern, die im ständigen Austausch mit dem Unternehmen stehen und diese als Love Brand definieren. Der Communityaufbau ist wichtig, da sich dieser Personenkreis aus Wiederholungskäufer*innen und/oder Unterstützer*innen zusammensetzt. Eine Community hat die Macht eine Marke zu formen. Sie sorgt für Interaktion und das Vorankommen des Unternehmens auf Instagram. Alles was ein Unternehmen macht, sollte die Community dazu anregen, das Unternehmen zu unterstützen.
- Markenaufbau (Imageaufbau)
  Instagram ist ein direkter Kanal, der die Möglichkeit bietet sich als Unternehmen nah an den Kund*innen zu positionieren. Es besteht die Möglichkeit sich als Marke zu definieren und zu präsentieren. Die Definition verlässt dabei den rationalen Raum. Nicht nur über die Unternehmensfarbe, sondern auch durch das emotionale Gesamtbild wird die Marke geprägt. Dabei nimmt die persönliche Interaktion mit der Zielgruppe einen hohen Stellenwert ein.
- Kundeninteraktion
  Der unmittelbare Austausch mit (potenziellen) Kund*innen ist einer der wichtigsten Aspekte für die Nutzung von Instagram für Unternehmen. Durch die Interaktion kann die Zielgruppe aktiviert und für die eigene Sache gewonnen werden. Interessant ist auch der unmittelbare Austausch. Kund*innen können hierdurch ungefiltert mit den Unternehmen kommunizieren, Feedback einreichen, loben oder auch kritisieren.
- Expertenstatus aufbauen
  Insbesondere für Personenmarken ist der Expertenstatus ein unverzichtbares Mittel zum Erfolg. Wer in einer Branche als Expert*in gilt, kann Preise verlangen, die über den marktüblichen liegen. Auch die Kundenakquise entfällt oftmals weitestgehend aufgrund des Expertenstatus.
- Kundenakquise
  Akquise ist für Unternehmen jeder Art einer der wichtigsten Aspekte der unternehmerischen Tätigkeit. Auch Instagram eignet sich als Kanal, um Kundenakquise zu betreiben.
- Marktforschung
  Die Marktforschung ist ein wichtiger Faktor, wenn es darum geht zielgruppenorientierte Produkte und Services zu entwickeln. Instagram schafft hierfür einen offenen Kanal des direkten Austauschs zwischen Unternehmen und Zielgruppe.

- Mitarbeiterakquise
  Neben der Kundenakquise eignet sich Instagram auch als Kanal zur Mitarbeiterrekrutierung. Oftmals finden klassische Stellenausschreibungen in den jeweiligen Portalen nicht zur idealen Zielgruppe. Auch die bereits bestehende emotionale Bindung eines Followers zu einem Unternehmen, ist von Vorteil. So sind die über Instagram stammenden Bewerber*innen viel engagierter.

Die strategischen Ziele, die Unternehmen durch die Nutzung von Instagram verfolgen, sind vielfältig. Selten beschränkt sich ein Unternehmen auf ein einzelnes Ziel. Vielmehr wird versucht, verschiedene Ziele zu kombinieren und strategisch abzudecken.

18.3.1 Strategieansätze – Ein Überblick

So viele unterschiedliche Ziele Unternehmen auf Instagram verfolgen, so divers sind auch die jeweiligen strategischen Ansätze. Täglich entstehen neue Konzepte. Daher kann an dieser Stelle ein grober Überblick über die am häufigsten genutzten bzw. die in vielen Strategien enthaltenen Ansätze gegeben und anhand von Best Practice Beispielen verdeutlicht werden.

Grundlage der meisten Unternehmensstrategien auf Instagram ist die Erstellung von spezifischem Content, welcher in Zusammenhang mit der unternehmerischen Nische steht. Produkte und Dienstleistungen können unmittelbar dar- und vorgestellt werden. Da Instagram-Nutzer*innen weniger an einer Dauerwerbesendung als an Inhalten mit ansprechendem Mehrwert interessiert sind, stehen Unternehmen vor der Herausforderung Content zu kreieren, der der Zielgruppe in erster Linie entsprechenden Mehrwert bietet und Produkte einbindet ohne den kommerziellen Aspekt in den Vordergrund zu stellen. Der Mehrwert muss zwingend im Vordergrund stehen. Dies gelingt durch informelle oder unterhaltende Inhalte.

Ein seit Jahren herausragendes Beispiel hierfür bietet der der deutsche Drogeriemarkt dm (@dm_deutschland). In kreativen Mini-Tutorials, welche sowohl im Feed als auch in der Instagram Story verwendet werden, erklären Mitarbeiter, wie man, unter Verwendung der im Drogeriemarkt erhältlichen Produkten, die neuste Trendfrisur kreiert oder ein leckeres Frühstück mit Superfoods zaubert. Die Länge der Videos variiert je nach Anlass von einer Minute bis zu einer Stunde, die Follower werden geduzt. Auch der Lebensmittelriese Rewe (@rewe) nutzt diese Strategie und postet in seinem Feed schmackhafte Rezeptideen. Das diese Strategie nicht nur bei Lifestyle- und Lebensmittelprodukten funktioniert, zeigt der Chemiekonzern Bayer (@bayerofficial). Statt plumpem Product-Placement gewährt der Konzern durch gelungenes visuelles Storytelling Einblicke in die Welt hinter den Produkten. Hierzu werden sowohl Feed- als auch Storyformate genutzt. Auch die längere Spielzeit der IGTV-Videos werden eingesetzt.

Weitere Best Practice Beispiele des unterhaltenden, spezifischen Contents liefern Netflix Deutschland (@netflixde), Sixt Deutschland (@sixtde) oder auch McDonald´s (@mcdonaldsde). Die Profile setzen auf Infotainment, indem sie zum Unternehmen passende, unterhaltsame Inhalte mit reinen Informations-Beiträgen kombinieren.

Ein weiterer strategischer Ansatz zielt auf den Austausch zwischen Unternehmen und (potenziellen) Kund*innen ab. Unternehmen können durch Instagram den Austausch mit der Zielgruppe aktiv suchen. Beispielsweise kann über die verschiedenen Storysticker zum Austausch aufgerufen, oder auch ein Call-to-Action ans Ende eines jeden Beitrags gesetzt werden, welcher den Follower zur Kommunikation animiert. Mit der Handlungsaufforderung (Call-to-Action) können Follower zum Beispiel dazu aufgerufen werden, einen Beitrag zu liken, ein Geschäft zu besuchen oder auf einen Link zu klicken. Auch die eigene Interaktion sollte bei einem solch aktiven Ansatz nicht vernachlässigt werden. Unternehmen müssen an dieser Stelle aktiv kommentieren und interagieren. Der aktive Ansatz unterstützt das organische Wachstum des Unternehmensprofils. Besonders die kundenorientierten Ziele, wie Kundenbindung, Kundenakquise und Markenaufbau werden durch diesen strategischen Ansatz unterstützt.

Aber auch ein reaktiver Ansatz ist häufig zu beobachten. Dabei interagiert das Unternehmen lediglich als Reaktion auf eine Interaktion von Followern. Erst wenn beispielsweise ein Beitrag kommentiert wurde, reagiert auch das Unternehmen und kommentiert ebenfalls. Eine anfängliche Interaktion seitens des Unternehmens findet jedoch nicht statt. Dieser Ansatz ist wesentlich zeitsparender als der aktive Kommunikationsansatz. Jedoch unterstützt er nicht beim organischen Aufbau des Unternehmensprofils und kann von potenziellen Kund*innen als weniger kundenorientiert und intransparent wahrgenommen werden.

Auch lokale Unternehmen profitieren von der Präsenz auf Instagram. Jedoch sollte vor allem der lokale Aspekt betont werden. Instagram bietet die Möglichkeit des lokalen Geotaggings. Der Geotag ist die Angabe des Ortes, der bei jedem Beitrag oder auch in der Instagram-Story ausgewählt werden kann. Durch die Angabe des Ortes wird der Standort strategisch miteinbezogen. Wie wertvoll dieser Tag für lokale Unternehmen ist, zeigte sich auch während der Corona-Pandemie 2020 deutlich. Während die Geschäfte aufgrund des kursierenden Virus allesamt geschlossen werden mussten, starteten viele lokale Unternehmen den Verkauf über Instagram. Unter dem Hashtag #supportthelocals posteten sie ihre Produkte. Durch den Geotag wurde aber erst deutlich, wo die jeweiligen Unternehmen zu finden sind. Auch große Influencer*innen unterstützten die Kampagne. Durch den jeweiligen Geotag konnten sie so die lokalen Unternehmen ihrer Heimatstädte supporten.

Statt eigene Inhalte zu kreieren, gehen einige Unternehmen anders vor: Sie nutzen die Inhalte ihrer Kund*innen. Diese Strategie nennt sich Content-Kuration oder auch User-generated Content. Die Unternehmen reposten dabei die Beiträge ihrer Kund*innen. Voraussetzung für diese Strategie ist eine große Bekanntheit des Unternehmens und eine starke Community, die genügend unternehmensbezogene Inhalte bereitstellt. User-generated Content nimmt eine hohe Priorität in den Strategien der Marken ein. Im Jahr 2020 stieg die Zahl der Unternehmen Im Bereich Fashion und Beauty, welche diesen Ansatz nutzten auf 56 Prozent an. Im Vorjahr waren es nur 35 % (Binar 2020).

Besonders beliebt ist diese Strategie innerhalb der Beauty- und Lifestyle-Branche. Ein Beispiel lässt sich bei Huda Beauty finden. Die Kosmetiklinie der Unternehmerin Huda Kattan ist innerhalb der Branche bekannt. Tausende Kund*innen zeigen in eigenen Beauty-Tutorials, wie sie sich mit den Produkten der Kosmetikunternehmerin schminken. Die besten und kreativsten Videos oder Bilder werden auf dem Unternehmensprofil der Beautymarke repostet. Auch in Verbindung mit klassischem Influencer- Marketing kann diese Strategie unterstützt und kombiniert werden. Auch Leica (@leica_camera) und Volkswagen Deutschland (@volkswagen_de) setzen auf die Strategie des Content-Kuratierens.

Letztendlich steht die Instagramstrategie in einem Spannungsverhältnis zwischen den unternehmerischen Ansprüchen an einen Kommunikationskanal, die daran gebundenen Ziele und den Interessen der Nutzer*innen. Rein kommerzieller Content hat auf Instagram keine Chance. Unternehmen müssen durch eine geeignete Strategie ein ansprechendes Portfolio entwickeln, welches die Instagramnutzer*innen begeistert, informiert oder unterhält und gleichzeitig die gesetzten Ziele des Unternehmens unterstützt.

18.4 Paid Content versus organischer Content

Die Nutzung von Instagram als solches und auch mit spezifischem Unternehmensprofil ist kostenlos. Alle Beitragsformate können beliebig oft und entlang der Nutzungsrichtlinien frei genutzt werden. In erster Linie ist Instagram daher ein reiner PR-Kanal. Jedoch bietet sich auch die Möglichkeit die organischen

18.4 Paid Content versus organischer Content

Aktivitäten durch Anzeigen, Ads genannt, zu unterstützen. Hier verlassen wir die klassische PR und wechseln zum Marketing. Wie auch in vielen anderen Bereichen sind PR und Marketing auch auf Instagram eng miteinander verwoben.

18.4.1 Organischer Content

Bei organischen Inhalten handelt es sich um Beiträge, die ausschließlich durch die von Instagram angebotenen Funktionen, wie Hashtags oder Geotags, an Reichweite gewinnen. Organischer Content ist kostenlos. Sie werden anhand des regulären Algorithmus ausgespielt und den Nutzer*innen aufgrund von verschiedenen Parametern, wie Hashtags, dem Abonnement oder dem Geotag angezeigt.

Organische Inhalte sind die häufigste Art des Contents auf Instagram. Der größte Vorteil ist die kostenfreie Nutzung. Die Zielgruppe lässt sich durch Hashtags und Geotags bereits gezielt ansprechen. Je nach der Auswahl der Hashtags, der Qualität des Inhalts an sich, dem bereits erreichten Bekanntheitsgrad, der Nische und der Zielgruppe können Unternehmen durch organischen Content eine relativ große Reichweite erzielen. Nachteile sind eine geringe Halbwertzeit, also in diesem Fall die Zeitspanne, in dem ein Beitrag seine Sichtbarkeit verliert und nicht weiter ausgespielt wird, und die natürlichen Einschränkungen, die der Instagram-Algorithmus mit sich bringt. Unbezahlte Inhalte sind die Grundlage für die Präsenz des Unternehmens auf Instagram. Sie werden zum langfristigen und nachhaltigen Profil- und Communityaufbau genutzt.

18.4.2 Paid Content

Neben den organischen Inhalten bietet Instagram Unternehmen die Möglichkeit der Anzeigenschaltung. Man spricht auch von Paid Content (bezahlten Inhalten) und hervorgehobenen Beiträgen auf Instagram. Paid Content ist optional und kann neben den organischen Inhalten zur punktuellen Vermarktung Ihrer Angebote genutzt werden. Vorteile der bezahlten Beiträge sind eine deutlich längere Halbwertzeit (gesteuert durch die Dauer der Anzeigen-Laufzeit), die zielgerichteten Segmentierungsmöglichkeiten, sowie die unmittelbare Steuerung und Ausspielung des Paid Contents. Bei einer Promotion können Sie auf Instagram zum Beispiel unter dem Feld „Zielgruppe" angeben, wen Sie erreichen möchten, unter „Budget", was Sie pro Tag ausgeben möchten, und unter „Dauer", wie lang die Promotion laufen soll. Anzeigen alleine eignen sich jedoch nicht für den Aufbau eines Unternehmensprofils und sollten lediglich zur spezifischen Vermarktung eingesetzt werden.

18.5 Wie entwickeln Unternehmen eine stimmige Instagram-Strategie?

Bevor ein Unternehmen entscheidet auf Instagram aktiv zu werden, gilt es eine passende Strategie zu entwickeln. Die Instagramstrategie muss sich in die Gesamtkommunikation des Unternehmens einfügen und auf Grundlage dieser entwickelt werden. Denn der Instagram-Auftritt ist eine Erweiterung der Kommunikationskanäle und muss sich daher ins unternehmerische Gesamtbild einfügen. Eigenständige Ansätze, die losgelöst von der restlichen Unternehmenskommunikation daherkommen, wirken deplatziert und hinterlassen Verwirrung bei Kund*innen und Instagram-Nutzer*innen.

Ein gelungenes Beispiel des zur Gesamtkommunikation passenden Instagramauftritts liefert der Bierhersteller Früh (@frueh_koelsch) aus Köln. Optisch und inhaltlich führt das Instagramprofil die bereits seit Jahren bestehende Plakatkampagne des Unternehmens weiter. Dies führt zu einer klaren Wiedererkennbarkeit mit Wechselwirkung. Wer die Plakatierungen kennt, erkennt direkt wer hinter dem Instagramkanal steckt. Aber auch andersherum klappt der Effekt.

Die Entwicklung einer Instagramstrategie beginnt stets mit der Definition von Zielen, die durch den Instagramauftritt erreicht werden sollen. Auf Basis der Ziele und im Kontext der Zielgruppe kann eine geeignete Strategie inklusive eines Maßnahmenkatalogs entwickelt werden.

Stellen Sie sich bei der Strategieentwicklung folgende Fragen:

- Was möchten Sie erreichen? Welches sind die primären Ziele, die durch den Instagramauftritt erzielt werden sollen? Wie können Sie diese Ziele messen? (Zur Messung der Ziele empfiehlt sich die SMART-Methode, bei der ein Ziel per Definition spezifisch, messbar, attraktiv, realistisch und terminiert sein muss.)
- Wer ist die Zielgruppe? Wieso ist diese Zielgruppe auf Instagram vertreten und welche Inhalte konsumiert sie?
- Wer sind Sie und wer wollen Sie auf Instagram sein? Unterscheidet sich das Bild von dem der Gesamtkommunikation, ist diese zu überarbeiten, bevor die Instagramstrategie entwickelt werden kann.
- Welchen Mehrwert können Sie anbieten?
- Welche Content-Formate (Beitrag, Story und IGTV) möchten Sie anbieten und wie sieht hier der reguläre Mix aus?
- Wie möchten Sie ihre Produkte/Dienstleistungen verkaufen?
- Wer übernimmt die Verantwortung für die Kommunikation auf Instagram? Und wie sieht der Workflow aus?

18.5 Wie entwickeln Unternehmen eine stimmige Instagram-Strategie?

Zudem sollten Sie neben der Content-Strategie auch regelmäßig eine Hashtag-Recherche durchführen und Postingzeiten, sowie -frequenzen beachten und entsprechend der Kundennutzung optimieren.

Für die Content-Strategie sollten Sie mit Content-Buckets arbeiten. Content-Buckets sind eigenständige Kategorien. Diese können Sie selber kreieren und definieren, zum Beispiel könnten Sie ein Bucket zum Thema Mitarbeiter*innen, einen zum Thema Verkauf und einem rund um den Bereich Produktion anlegen. Die Definition der Buckets erleichtert die kontinuierliche Einhaltung der geplanten Strategie, sowie die Entwicklung und Umsetzung von Inhalten.

Inhalte können informativ, unterhaltend oder kommerziell sein. Dabei dürfen jedoch niemals Bezug und Mehrwert für die Zielgruppe fehlen.

Nachdem die Strategie entwickelt wurde und auch der inhaltliche Mehrwert definiert wurde, können Sie sich um die Optik ihres Unternehmensprofils kümmern. Das Feed-Design sollte einen gewissen Wiedererkennungswert besitzen und ihre Zielgruppe begeistern. Im Zweifel gilt allerdings Inhalt vor Optik. Instagram-Designs müssen wesentlich mehr können als nur schön sein. Sie müssen als großes Ganzes im Feed und ebenso als einzelner Post funktionieren. Dabei müssen sie auch den enthaltenen Mehrwert visuell transportieren.

18.5.1 Häufige Fehler von Unternehmensprofilen

Bei vielen Unternehmensprofilen läuft es nicht rund und ehe man sich versieht, verlässt das Unternehmen die Plattform und hinterlässt ungenutzte Ressourcen. Dabei sind es häufig die gleichen Fehler, die bereits während der Strategieentwicklung beobachtet und so einem Scheitern der Unternehmenspräsenz auf Instagram vorhindern können.

Fehler Nr. 1 – Fehlende Kontinuität: Wer A sagt muss auch B sagen. Das gilt auch für Instagram. Das soziale Netzwerk wird durch einen eigenen, weitestgehend unbekannten Algorithmus gesteuert. Soweit bekannt, spielt die kontinuierliche Interaktion auf Instagram, sowie das regelmäßige Posten eine große Rolle für die eigene Sichtbarkeit. Ohne eine wohlüberlegte Strategie kann diese Kontinuität nicht eingehalten werden. Ab und an posten, führt ein Unternehmen nicht zum Erfolg. Daher sollte bereits in der Strategie festgelegt werden, wie häufig und wann Inhalte auf Instagram gepostet werden und wer diese Arbeiten übernimmt.

Fehler Nr. 2 – Fehlender Mehrwert: Einer der gravierendsten Fehler vieler Unternehmensauftritte auf Instagram sind Inhalte ohne erkennbaren Mehrwert für die eigene Zielgruppe. Instagram ist keine Verkaufs- sondern eine soziale

Plattform. Nutzer*innen möchten unterhalten oder informiert werden. Daher muss der Mehrwert des Contents stets im Vordergrund stehen.

Fehler Nr. 3 – Unzureichende Evaluation: Die Instagramstrategie ist eine erste Idee für einen langfristigen Unternehmensauftritt. Aber genauso schnell, wie sich das soziale Netzwerk selbst entwickelt, genauso schnell muss auch die Strategie angepasst werden. Instagram bietet mit den „Insights" eine eigene Auswertung für Nutzer*innen des Unternehmensprofils an. Statt beharrlich weiter anhand der zuvor definierten Strategie zu posten, sollten die Ergebnisse der Insights mit einbezogen und die Strategie an den geeigneten Stellen verändert und optimiert werden.

Eine gut funktionierende Instagramstrategie ist ein Gewinn auf beiden Seiten – für die Nutzer*innen, die an Mehrwert gewinnen und für das Unternehmen, das seinen Zielen durch die Plattform näherkommt.

18.6 Unternehmensprofil einrichten

Ein Unternehmensprofil auf Instagram unterscheidet sich in wenigen Punkten von einem normalen Nutzerprofil. So kann mittels des Unternehmensprofils auf die Insights zugegriffen und im Instagramprofil ein Link platziert werden. Wenn Sie ein Unternehmensprofil einrichten möchten, benötigen Sie hierzu zunächst ein normales Profil. Dieses können Sie dann in ein Unternehmensprofil umwandeln. Das Profil ist der erste Eindruck, den neue Nutzer*innen und damit auch potenzielle Neukund*innen von Ihnen bekommen (Vgl. Abb. 18.1). Daher sollten Sie einige Gedanken in die Entwicklung ihres Instagramprofils investieren.

Das wichtigste grafische Element auf Instagram ist das Profilbild (vgl. Abb. 18.2). Dieses wird allen Besucher*innen Ihres Profils angezeigt. Das sollten Sie mit Bedacht auswählen. Für Personenmarken empfiehlt sich ein klassisches Profilbild der Marke repräsentierenden Persönlichkeit. Dieses sollte professionell und sympathisch wirken. Klassische Unternehmen hingegen sollten ihr Logo als Profilbild wählen, da dieses im Rahmen des Corporate Designs über einen nicht zu unterschätzenden Wiedererkennungswert verfügt.

Unternehmen sollten stets ihren Namen als Profilnamen verwenden. Der Profilname ist der Name mit dem andere Sie verlinken können und Sie zudem auch gefunden werden. Instagram bietet oberhalb der Profilbeschreibung ein weiteres Feld „Name" an. Hier besteht Verwechslungsgefahr. Dieser Name ist als eine Art Erweiterung des Profilnamens zu benutzen. So können Sie hier bereits kurz und knapp erklären worum es auf Ihrem Profil geht oder auch Ihren Slogan

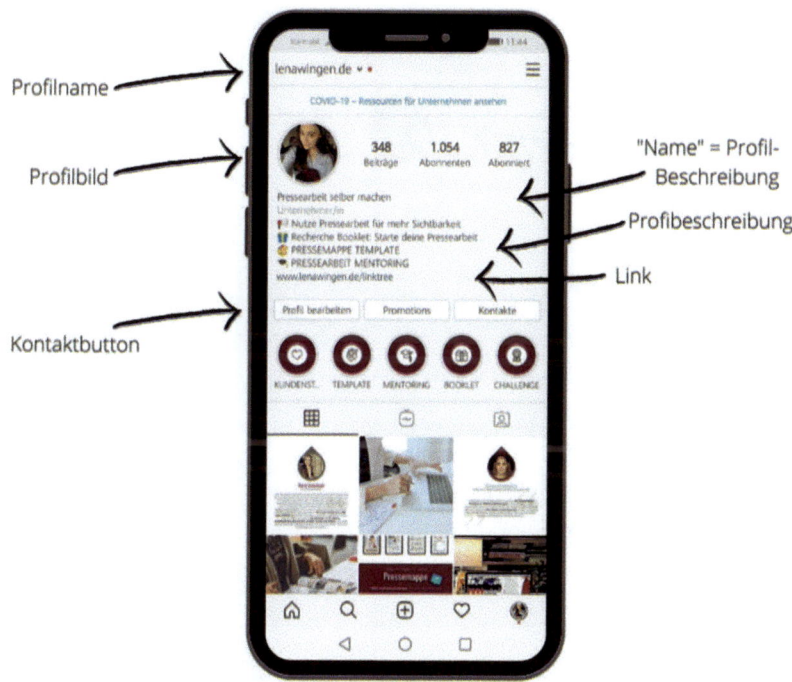

Abb. 18.1 Instagram-Unternehmensprofil von lenawingen.de im Mai 2020. (Quelle: Instagram-Account lenawingen.de)

verwenden. Dieser Name ist im Gegensatz zum Profilnamen nicht durch die Instagram-Suche auffindbar.

Nachdem Sie sich für Profilname und Name entschieden haben, geht es an die Erstellung der Profilbeschreibung, auch Biografie genannt. Die Profilbeschreibung umfasst zum jetzigen Zeitpunkt lediglich 150 Zeichen. In der Profilbeschreibung müssen Sie daher kurz und präzise erklären worum es auf Ihrem Profil geht und welchen Mehrwert die Besucher*innen erwarten können. Die Profilbeschreibung ist das Herzstück des Unternehmensprofils. Oftmals wird hier stichpunktartig gearbeitet. Grafische Elemente oder Emojis können unterstützend genutzt werden, um die Themen zu visualisieren. Bei den Instagram-Account utopia.de ist beispielsweise ein Welt-Emoji in der Beschreibung und der Text: „Nachhaltig leben: News, Tipps, Inspiration." (Stand Juni 2020).

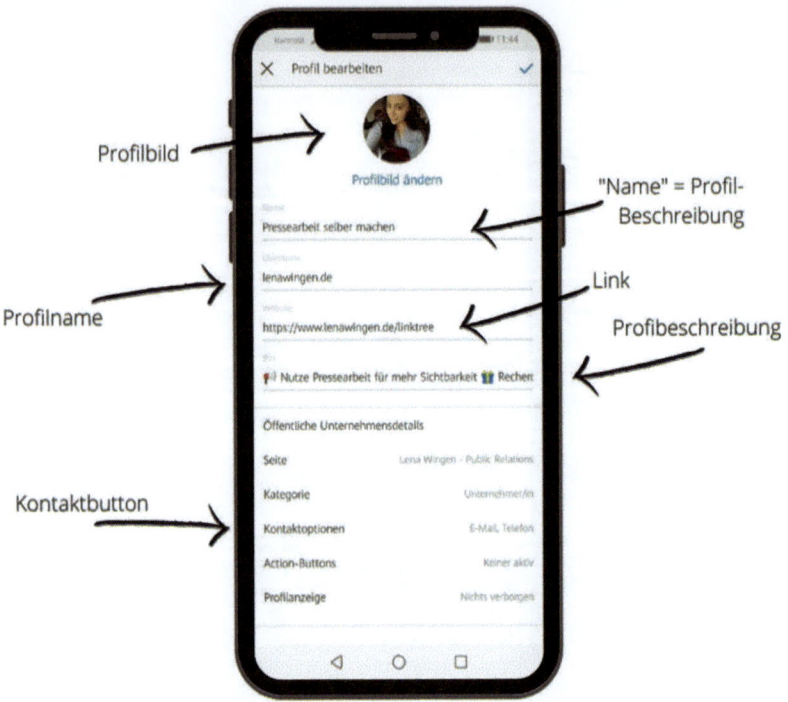

Abb. 18.2 Profileinstellungen auf dem Unternehmensprofil von lenawingen.de im Mai 2020. (Quelle: Instagram-Account von lenawingen.de)

Instagram bietet im Vergleich zu Facebook wenige Möglichkeiten externe Links zu setzen. Dadurch sichert sich Instagram eine hohe Verweildauer auf der Plattform. Lediglich einen Link pro Profil können Unternehmen setzen. Dieser sollte wohl überlegt sein. Da aus rechtlichen Gründen stets das Impressum des Unternehmens zu verlinken, dieses aber auch am wenigsten attraktiv ist, arbeiten Unternehmen oft mit einem sogenannten Linktree. Ein Linktree ist eine Webseite, die wie ein Wegweiser arbeitet. Sie bietet verschiedene Links, die an die entsprechenden Stellen weiterverlinken. Dadurch müssen Nutzer*innen nicht lange Suchen und findet das Ergebnis, welches sie gesucht haben. Neben dem Profillink bietet Instagram die Möglichkeit in den Instagram-Storys einen externen Link zu setzen. Dies ist zurzeit jedoch erst für Profile mit mehr als 10.000 Abonnent*innen möglich.

18.6 Unternehmensprofil einrichten

Weitere Funktionen des Instagramprofils sind verschiedene Kontaktoptionen in Form von Buttons (vgl. Abb. 18.2). Hier können beispielsweise die Emailadresse oder die Telefonnummer des Unternehmens hinterlegt werden. Mit Klick auf den Button werden dann entsprechende Reaktionen – Emailschreiben oder Anrufen – ausgelöst. Diese Buttons können optional verwendet werden.

Das Unternehmensprofil ist der erste Eindruck, den Nutzer*innen von Ihrem Unternehmen bekommen. Achten Sie daher darauf, was Ihr Profil transportiert und wie es wahrgenommen wird. Auch sollte es in regelmäßigen Abständen aktualisiert und optimiert werden.

Instagram ist für Unternehmen eine hervorragende Möglichkeit für Präsenz und aktiven Kundenaustausch. Allerdings sollte dabei strategisch herangegangen und langfristig geplant werden. Denn ihr wahres Potenzial für Unternehmen entfaltet Instagram erst durch hochwertige Inhalte und eine gelungene Zielgruppenkommunikation.

Und jetzt? 19

Ich hoffe, ich konnte Ihnen mit diesem Buch einiges erklären und Sie für neue Projekte inspirieren. Ich habe die wichtigsten Grundlagen beschrieben, die Sie beim Instagram-Journalismus beherzigen sollten und die auch in Zukunft noch relevant sein werden. Wenn Sie mehr Kapazitäten haben und sich von der Konkurrenz abheben möchten, können Sie die Grundlagen umsetzen und zusätzlich eigene Produkte erfinden. Bleiben Sie dabei der Linie Ihres Unternehmens treu und kreieren Sie Formate, die es noch nicht gibt. Testen Sie immer wieder neue Funktionen und finden gemeinsam mit Ihren Followern heraus, ob sie ihnen gefallen oder nicht. Kleine Fehler werden Ihnen eher verziehen, als wenn Sie mit technischen Fortschritten nicht mitgehen. Beachten Sie deshalb immer neue Entwicklungen, Updates oder Veränderungen im Instagram-Algorithmus und passen Sie Ihre Strategie den Änderungen an. Vor allem aber wünsche ich Ihnen viel Spaß bei der journalistischen Arbeit auf Instagram!

Was Sie aus diesem Buch mitnehmen können

- Mit Journalismus auf Instagram ist es möglich, Menschen unter 30 mit Nachrichten zu erreichen.
- Jeden Tag sollten mehrere Nachrichtenkacheln publiziert werden.
- Instagram-Storys müssen kurz, prägnant und aktuell sein.
- Instagram bietet fortwährend Updates und neue Funktionen an, die regelmäßig von Instagram-Journalist*innen getestet werden sollten.
- Instagram bietet viele neue Möglichkeiten für Öffentlichkeitsarbeiter*innen.

Literatur

AGF. 2019. Fernsehverhalten der Deutschen. https://de.statista.com/statistik/daten/studie/118/umfrage/fernsehkonsum-entwicklung-der-sehdauer-seit-1997/. Zugegriffen: 22. Apr. 2020.

Alemann, Dominik, Irene Messerli und Guido Keel. 2019. Studie „Journalisten im Web 2019": Social Media als Taktgeber und Newsticker. Bernet Relations (12.12.2019). https://bernet.ch/wissen/studien/studie-journalisten-im-web-2019-social-media-als-taktgeber-und-newsticker/. Zugegriffen: 1. Juni 2020.

Albert, Mathias, Klaus Hurrelmann und Gudrun Quenzel. 2019. Shell Jugendstudie: Eine Generation meldet sich zu Wort. Shell (18. Oktober 2019.). https://www.shell.de/ueber-uns/shell-jugendstudie/_jcr_content/par/toptasks.stream/1570708341213/4a00 2dff58a7a9540cb9e83ee0a37a0ed8a0fd55/shell-youth-study-summary-2019-de.pdf. Zugegriffen: 1. Juni 2020.

ARD/ZDF-Onlinestudie. 2019. Nutzung von Onlinecommunitys 2018. ARD/ZDF-Onlinestudie. http://www.ard-zdf-onlinestudie.de/whatsapponlinecommunities/. Zugegriffen: 14. Feb. 2019.

ARD/ZDF-Onlinestudie. 2020. Nutzung von Onlinecommunitys 2019. ARD/ZDF-Onlinestudie. http://www.ard-zdf-onlinestudie.de/whatsapponlinecommunities/. Zugegriffen: 01. Juni 2020.

ARD/ZDF-Onlinestudie. 2020. Bewegtbildnutzung 2019. http://www.ard-zdf-onlinestudie.de/ardzdf-onlinestudie-2019/bewegtbildnutzung/. Zugegriffen: 22. Apr. 2020.

Baumer, Harald. 2015. Sieben neue Regeln der Medienethik in Zeiten der sozialen Netzwerke. In *Innovation in den Medien. Crossmedia, Storywelten, Change Management*, Hrsg. M. Kaiser. München: Verlag Dr. Gabriele Hooffacker.

Binar, Natasha. 2020. Fashion: Die Rolle der Influencer wandelt sich. W&V. https://www.wuv.de/marketing/fashion_die_rolle_der_influencer_wandelt_sich. Zugegriffen: 18. Mai 2020.

Bitkom Research. 2019. Audio-Streaming wächst ungebrochen. https://www.bitkom.org/Presse/Presseinformation/Audio-Streaming-waechst-ungebrochen. Zugegriffen: 15. Mai 2020.

Blau, Annalena. 27.03.2020. Aktuelle Nutzerzahlen sozialer Netzwerke: Facebook, YouTube, Instagram & Co. Projecter Online Marketing. http://www.projecter.de/blog/social-media/aktuelle-nutzerzahlen-sozialer-netzwerke.html. Zugegriffen: 01. Juni 2020.

Boventer, Hermann. 1988. Eine verschwiegene Laudatio. Gelebte Moral im Journalismus. *Medien und Moral. Ungeschriebene Regeln des Journalismus*. Konstanz.

Creating meaningful storys. 2020. Storyflash. https://storyflash.de/. Zugegriffen: 20. Mai 2020.

Das Social Media Management Tool für bessere Kommunikation. SocialHub. https://socialhub.io/de/produkte/. Zugegriffen: 20. Mai 2020.

Davies, Jessica. 2018. How the Guardian's Instagram strategy is winning new readers. Digiday. https://digiday.com/media/guardians-instagram-strategy-winning-new-readers/. Zugegriffen: 14. Mai. 2018.

Deutsches Institut für Marketing. 16.03.2020. Influencer Marketing – Der Einfluss von Meinungsmachern. Marketinginstitut. https://www.marketinginstitut.biz/blog/influencer-marketing/. Zugegriffen: 20. Mai 2020.

Dovifat, Emil, und Jürgen Wilke. 1976. *Zeitungslehre*. Berlin: Walter de Gruyter.

Erxleben, Christian. 2017. Raketenhafter Aufstieg von 0 auf 700 Mio.: Die Geschichte von Instagram. Basic thinking. https://www.basicthinking.de/blog/2017/04/27/geschichte-instagram/. Zugegriffen: 12. Jan. 2019.

Erfolgsgeschichten. Hootsuite. https://hootsuite.com/de/customers. Zugegriffen: 20. Mai 2020.

Erxleben, Christian. 2018. Instagram-Algorithmus-Update: Neue Faktoren beeinflussen das Ranking. Basic Thinking. https://www.basicthinking.de/blog/2018/06/08/instagram-algorithmus-update-2018/. Zugegriffen: 11. Juli 2018.

Etherington, Darrell. 2018. Instagram now has 800 million monthly and 500 million daily active users. TechCrunch. https://techcrunch.com/2017/09/25/instagram-now-has-800-million-monthly-and-500-million-daily-active-users/?guccounter=1. Zugegriffen: 12. Jan. 2019.

Femers-Koch, Susanne, und Stefanie Molthagen-Schnöring. 2018. *Textspiele in der Wirtschaftskommunikation. Texte und Sprache zwischen Normierung und Abweichung*. Wiesbaden: Springer.

Firsching, Jan. 2019. Instagram Statistiken für 2019: Nutzerzahlen, Instagram Stories, Instagram Videos & tägliche Verweildauer. Futurebiz. http://www.futurebiz.de/artikel/instagram-statistiken-nutzerzahlen/. Zugegriffen: 14. Feb. 2019.

Foxwell, Bella. 17.02.2020. A Guide to Social Media Influencers: Mega, Macro, Micro, and Nano. Iconosquare. https://blog.iconosquare.com/guide-to-social-media-influencers/. Zugegriffen: 20. Mai 2020.

Friedrich, Katja, und Olaf Jandura. 2012. Politikvermittlung durch Boulevardjournalismus. Eine öffentlichkeitstheoretische Neubewertung. *Publizistik* 57 (4): 403–417.

Für bessere Communities. Conversario. https://conversar.io/de/. Zugegriffen: 20. Mai 2020.

Graßl, Michael, Jonas Schützeneder und Korbinian Klinghardt. 2020. Instagram im Lokaljournalismus – eine qualitative Expert.innenbefragung. In *Communicatio Socialis Zeitschrift für Medienethik und Kommunikation in Kirche und Gesellschaft*, Hrsg. K.-D. Altmeppen und A. Filipovic. Baden-Baden: Nomos.

Grimme Lab. 2017. Journalismus im Jugendformat. https://www.grimme-lab.de/2017/11/13/journalismus-im-jugendformat/. Zugegriffen: 11. Jan. 2019.

Haarkötter, Hektor, und Jörg-Uwe Nieland, Hrsg. 2018. *Nachrichten und Aufklärung. Medien- und Journalismuskritik heute: 20 Jahre Initiative Nachrichtenaufklärung*. Wiesbaden: Springer.

Heyduck, Stefanie. 21.08.2019. 7 Tools für die perfekte Instagram Story. Onlinemarketing. https://onlinemarketing.de/news/7-tools-fuer-die-perfekte-instagram-story. Zugegriffen: 20. Mai. 2020.

Hickethier, Knut. 1998. Narrative Navigation durchs Weltgeschehen. Erzählstrukturen in Fernsehnachrichten. In *Fernsehnachrichten. Prozesse, Strukturen, Funktionen*, Hrsg. M. Meckel und K. Kamps. Wiesbaden: Springer.

Holfelder, Ute und Christian Ritter. 2015. *Handyfilme als Jugendkultur*. München: Herbert von Halem.

Hooman. 25.02.2020. Gramblr is down: 4 Gramblr alternatives that won't shut down any time soon. AiSchedul. https://aischedul.com/gramblr/. Zugegriffen: 20. Mai 2020.

Jacobsen, Nils. 2018. Instagram wäre als eigenständiges Unternehmen bereits mehr als 100 Milliarden Dollar wert. Meedia. https://meedia.de/2018/06/26/instagram-waere-als-alleiniges-unternehmen-bereits-mehr-als-100-milliarden-dollar-wert-und-duerfte-seine-mitgliederzahl-in-5-jahren-verdoppeln/. Zugegriffen: 12. Jan. 2019.

Jäger und Sammler. Funk. https://presse.funk.net/format/jaegerundsammler/. Zugegriffen: 20. Mai. 2020.

Koziol, K. und Hunold G., Hrsg. 2001. *Journalismus heute – nur Content Management?* München: KoPäd.

Krieg, Susanne. 2017. Wie sich Instagram journalistisch nutzen lässt. Freelens. https://freelens.com/social-media/wie-sich-instagram-journalistisch-nutzen-laesst/. Zugegriffen: 14. Mai. 2018.

Kroker, Michael. 2018. Von Snapchat über Instagram & WhatsApp bis YouTube. Der Aufstieg des Story-Formats. WirtschaftsWoche. http://blog.wiwo.de/look-at-it/2018/03/07/von-snapchat-ueber-instagram-whatsapp-bis-youtube-der-aufstieg-des-story-formats/. Zugegriffen: 14. Mai. 2018.

Kroker, Michael. 16.07.2019. Buffer, Hootsuite, IFTTT & Co.: 12 Tools für das Social-Media-Management. Wirtschaftswoche. https://blog.wiwo.de/look-at-it/2019/07/16/buffer-hootsuite-ifttt-co-12-tools-fuer-das-social-media-management/. Zugegriffen: 20. Mai. 2020.

Lang, Susanne. 24.01.2020. Wie die Welt auf Instagram erfolgreich ist. Kress. https://kress.de/news/detail/beitrag/144384-wie-die-welt-auf-instagram-erfolgreich-ist.html. Zugegriffen: 06. Juni 2020.

Lauffer, Jürgen, und Renate Röllecke, Hrsg. 2010. *Jugend-Medien-Kultur. Medienpädagogische Konzepte und Projekte*. München: KoPäd.

Likeometer. 2018. Deutsche Medien auf Instagram. https://de.likeometer.co/?country=de&a=Medien&sort=&pics=&m=. Zugegriffen: 31. Juli 2018.

Lilienthal, Volker. 2013. Social Media – eine Substitution von Qualitätsjournalismus? *Forschungsjournal soziale Bewegungen*. 26 (2).

Loosen, Wiebke. 2016. Journalismus unter den Bedingungen des Medienwandels. In: Bundeszentrale für politische Bildung. http://www.bpb.de/gesellschaft/medien-und-sport/medienpolitik/172143/medienwandel-und-journalismus?p=all. Zugegriffen: 14. Mai 2018.

Mädelsabende. Funk. https://presse.funk.net/format/maedelsabende/. Zugegriffen: 20. Mai 2020.

Meedia. 18.02.2020. Studie: Instagram erreicht erstmals ein größeres Publikum als Facebook. Meedia. https://meedia.de/2020/02/18/studie-instagram-erreicht-erstmals-ein-groesseres-publikum-als-facebook/. Zugegriffen: 6. Juni. 2020.

Meier, K., Hrsg. 1999. *Internet-Journalismus. Ein Leitfaden für ein neues Medium.* Konstanz.

Melchior, Laura. 2019. Die 10 beliebtesten Instagram-Accounts weltweit. Internet World Business. https://www.internetworld.de/social-media/10-beliebtesten-instagram-accounts-weltweit-1665221.html?seite=0. Zugegriffen: 14. Feb. 2019.

Newberry, Christina. 22.10.2019. 37 Instagram Stats That Matter to Marketers in 2020. Hootsuite. https://blog.hootsuite.com/instagram-statistics/. Zugegriffen: 01. Juni 2020.

News Aktuell. 2017. Journalismus 2017. Stellenwert von Social Media wächst rasant. https://www.newsaktuell.de/academy/journalismus-social-media/. Zugegriffen: 14. Mai 2018.

Nobis, Marcel. 09.03.2020. Die Abkehr vom Text: Was Medienmarken auf dem Photo-Sharing Netzwerk Instagram anbieten. Eine qualitative Befragung zur Instagram-Nutzung von regionalen Tageszeitungen. Unveröffentlichte Masterarbeit, Universität Hamburg.

Peeck, Sven-Ofal. 02.09.2019. Instagram-Wachstum in Deutschland 2019 – kaum Wachstum der Instagram-Nutzer seit 2018. Crowdmedia. https://www.crowdmedia.de/instagram-wachstum-deutschland-2019/. Zugegriffen: 01. Juni 2020.

Petter, Jan. 22.03.2019. Ein Influencer-Berater verrät, was Menschen auf Instagram ständig falsch machen. Bento. https://www.bento.de/gadgets/instagram-warum-viele-hashtags-und-ihren-account-falsch-nutzen-a-00000000-0003-0001-0000-000002214101. Zugegriffen: 20. Mai 2020.

Presserat: Der Pressekodex. 2017. http://www.presserat.de/pressekodex/pressekodex/. Zugegriffen: 26. Juli 2018.

Pressesprecher. 03.02.2020. Ranking: reichweitenstärkste Instagram-Accounts. Pressesprecher. https://www.pressesprecher.com/nachrichten/ranking-reichweitenstaerkste-instagram-accounts-248089192. Zugegriffen: 1. Juni 2020.

Priebe, Anton. 2018. Instagram Top 10: Das sind Deutschlands beliebteste Instagrammer. Online Marketing. https://onlinemarketing.de/news/instagram-top-10-deutschland-instagrammer. Zugegriffen: 12. Jan. 2019.

Primbs, Stefan. 2016. *Social Media für Journalisten. Redaktionell arbeiten mit Facebook, Twitter & Co.* Wiesbaden: Springer.

Queitsch, Philipp. Die 6 besten kostenlosen Social Media Tools. Effektiv. https://www.effektiv.com/die-6-besten-kostenlosen-social-media-tools-3818.html. Zugegriffen: 20. Mai 2020.

Radio Zentrale. 2019. Radiohörer im Fokus 2019 – wer, wie, womit, wo hört. Radio Zentrale. http://www.radiozentrale.de/studien-und-daten/themen-module/radiohoerer-im-fokus/. Zugegriffen: 15. Mai 2020.

Richter, Mark. 2017. *Instagram Marketing für Unternehmen. Wie Sie Instagram meistern, Ihre Zielgruppe erreichen und neue Kunden gewinnen.* Polen: Createspace Independent Publishing Platform.

Richtlinien von ARD und ZDF für die Verbreitung des Jungen Angebots über Drittplattformen. Funk. https://www.funk.net/richtlinien. Zugegriffen: 30. Mai 2020.

Roberts, Kevin. 2005. *Lovemarks: The Future Beyond Brands.* New York: Powerhouse books.

Russ-Mohl, Stephan. 2017. *Die informierte Gesellschaft und ihre Feinde. Warum die Digitalisierung unsere Demokratie gefährdet.* Köln: Herbert von Halem.

Schäfer, Sabine. 2007. *Die Welt in 15 Minuten. Zum journalistischen Herstellungsprozess der Tagesschau.* Konstanz.

Schneider, Wolf und Paul-Josef Raue. 1996. *Handbuch des Journalismus.* Reinbek.

Schütz, Martin R. 2003. *Journalistische Tugenden.* Wiesbaden: Leitplanken einer Standesethik.

Schweiger, Wolfgang. 2017. *Der (des)informierte Bürger im Netz. Wie soziale Medien die Meinungsbildung verändern.* Wiesbaden: Springer.

Schwichtenberg, Nina. 2018. Das bringt der Business Account bei Instagram. Lead Digital. https://www.lead-digital.de/instagram-tipps-von-nina-schwichtenberg-2/. Zugegriffen: 12. Jan. 2019.

Share this. 29.01.2019 What is the instagram character limit? How marketers can make the most of character counts. https://sharethis.com/best-practices/2019/01/what-is-the-instagram-character-limit/. Zugegriffen: 20. Mai. 2020.

Tosev, Trajan. 15.12.2015. Instagram: Die Kunst der Hashtag-Recherche. Zielbar. https://www.zielbar.de/magazin/instagram-hashtag-recherche-tipps-6906/. Zugegriffen: 20. Mai. 2020.

Tusch, Robert. 09.08.2019. Ab Ende September: Facebooks Social-Media-Tool Crowdtangle stellt Twitter-Support ein. Meedia. https://meedia.de/2019/08/09/ab-ende-september-facebooks-social-media-tool-crowdtangle-stellt-twitter-support-ein/. Zugegriffen: 20. Mai. 2020.

Vaynerchuk, Gary. 2017. *Storytelling in sozialen Medien. So landen Unternehmen im Kampf um Kunden gezielte Treffer mit Facebook, Twitter, Snapchat & Co.* Kulmbach: books4success.

Weichert, Stephan, und Leif Kramp. 2017. *Millennials. Mediennutzungsverhalten und Optionen für Zeitungsverlage.* Berlin: ZV Zeitungs-Verlag.

Wildwood, Lyn. 29.04.2020. 7 Tools To Optimize Your Instagram Bio Link. Bloggingwizard. https://bloggingwizard.com/instagram-bio-link-tools/. Zugegriffen: 20. Mai 2020.

Wilke, Jürgen, und Barbara Eschenauer. 1981. *Massenmedien und Journalismus im Schulunterricht. Eine unbewältigte Herausforderung.* München: Alber.

Wilke, Jürgen. Hrsg. 1998. *Nachrichtenproduktion im Mediensystem. Von den Sport- und Bilderdiensten bis zum Internet.* Köln: Böhlau.

Wolf, Fritz. 2015. *„Wir sind das Publikum!" Autoritätsverlust der Medien und Zwang zum Dialog. In: Studien der Otto-Brenner-Stiftung.* Frankfurt: Otto-Brenner-Stiftung.

Wolter, Uli. 2017. 5 Tipps, damit Eure Instagram-Stories richtig abgehen. Lead. https://www.lead-digital.de/5-tipps-fuer-besseres-realtime-marketing-mit-instagram-stories/. Zugegriffen: 14. Mai 2018.

MIX
Papier aus verantwortungsvollen Quellen
Paper from responsible sources
FSC® C105338

If you have any concerns about our products,
you can contact us on
ProductSafety@springernature.com

In case Publisher is established outside the EU,
the EU authorized representative is:
**Springer Nature Customer Service Center GmbH
Europaplatz 3, 69115 Heidelberg, Germany**

Printed by Libri Plureos GmbH
in Hamburg, Germany